三战风云
震撼博览

史诗巨著
全彩呈现

帝国危机

第二次世界大战的背景

胡元斌 严 锴 主编

台海出版社

前言 PREFACE

1937年7月7日，驻华日军在卢沟桥悍然向中国守军开炮射击，炮轰宛平城，制造了震惊中外的"七七事变"，中国的抗日战争全面爆发。1939年9月1日，德国入侵波兰，第二次世界大战正式开始。1945年9月2日，日本签署投降书，第二次世界大战宣告结束。

这是人类社会有史以来规模最大、伤亡最惨重、造成破坏最大的全球性战争，也是关系人类命运的大决战。这场由德、意、日法西斯国家的纳粹分子发动的战争席卷全球，世界当时人口总数的80%的20亿人口受到波及。这次世界大战把全人类分成了两方，由美国、苏联、中国、英国、法国等国组成的反法西斯同盟国与由德国、日本、意大利等国组成的法西斯轴心国，进行对垒决战。全世界的人民被拖进了战争的深渊，迄今为止这是人类文明史上绝无仅有的浩劫和灾难。

在这场大战中，交战双方投入的兵力和武器之多、战场波及范围之广、作战样式之新、造成的损失之大、产生的影响之深远都是前所未有的，创造了许多个历史之最。

第二次世界大战的胜利具有伟大的历史意义。我们历史地、辩证地看待这段人类惨痛历史，可以说，第二次世界大战的爆发给人类造成了巨大灾难，使人类文明惨遭浩劫，但同时，第二次世界大战的胜利，也开创了人类历史的新纪元，给

战后世界带来了广泛而深远的影响。促进了世界进入力量制衡的相对和平时期；促进了一些殖民地国家的民族解放；促进了许多社会主义国家的诞生；促进了资本主义国家的经济、政治和社会改革；促进了世界科学技术的进步；促进了军事科技和理论的进步；促进了人类认识史上的一场伟大革命；促进了世界人民对和平的深刻认识。

第二次世界大战的胜利也是世界人民反法西斯战争的胜利，成为20世纪人类历史的一个重大转折，它结束了一个战争和动荡的旧时期，迎来了一个和平与发展的新阶段。我们回首历史，不应忘记战争给我们带来的破坏和灾难，以及世界各个国家和人民为胜利所付出的沉重代价。我们应当认真吸取这次大战的历史经验教训，为防止新的世界大战发生，维护世界持久和平，不断推动人类社会进步而英勇奋斗。

这就是我们编撰《第二次世界大战纵横录》的初衷。该书综合国内外的最新研究成果和最新解密资料，在有关部门和专家的指导下，以第二次世界大战的历史进程为线索，贯穿了第二次世界大战的主要历史时期、主要战场战役和主要军政人物，全景式展现了第二次世界大战的恢宏画卷。

该书主要包括战史、战场、战役、战将和战事等内容，时空纵横，气势磅礴，史事详尽，图文并茂，具有较强的历史性、资料性、权威性和真实性，非常有阅读和收藏价值。

目录 CONTENTS

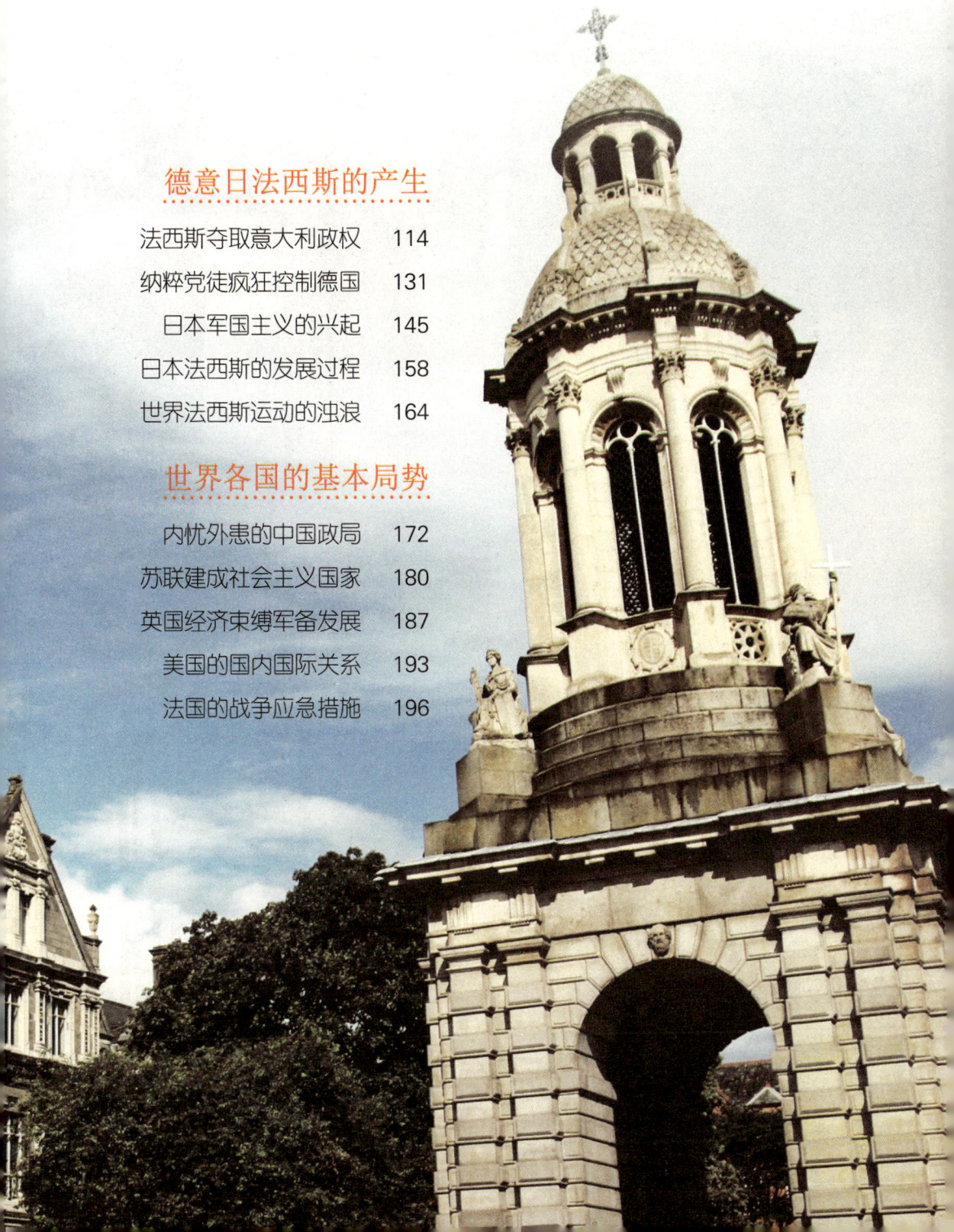

A TOUTES LES G

帝国危机

第 二 次 世 界 大 战 的 背 景

帝国主义的新危机

　　第一次世界大战后，英、法、美、意、日五国在法国导演了凡尔赛分赃闹剧。英国力图保持主导世界的地位；美国凭借巨大的经济实力开始插手欧洲，试图取代英国的地位；法国则联合捷克斯洛伐克、波兰等国，形成对德国的包围圈；亚洲的日本也继续控制朝鲜半岛，进一步向中国渗透。

第一次
世界大战结束

　　1918年11月11日，清晨的薄雾笼罩着法国东北部贡比涅森林雷道车站。一辆列车静静地停在铁轨上，列车两旁，三步一岗、五步一哨地挺立着荷枪实弹的法国士兵。

　　这时，德国以外交大臣为首的代表团依次走上火车，来到协约国联军总司令福煦乘坐的车厢，他们将在这里签署停战协定。身着戎装的福煦元帅及其代表早已等候在这里了。

　　11时，签字仪式完成，各战胜国鸣放礼炮101响，宣告第一次世界大战正式结束。

　　这场帝国主义战争以1914年6月28日奥匈帝国王储被刺杀为导火索，从1914年8月开始到1918年11月结束，历时4年3个月。第一次世界大战的主要战场在欧洲，波及亚洲、太平洋领域，先后有35个国家和地区参战，约占当时世界人口2/3的15亿人被卷入战争。

　　同盟国，协约国双方动员军队达6503万余人，战争中损失3750万余人，其中阵亡853万余人；另外平民死亡1261.8万人。双方直接用于战争的费用达1863亿多美元。各交战国经济损失总计约1700亿美元。

　　无论从哪个角度来讲，第一次世界大战之损失都无可估量。

　　德国是后起的帝国主义国家。由于资本主义经济发展的不平衡，德国的工业产量在1910年即已超过英法两个老牌帝国主义国家而居世界第二位，仅次于美国。

　　德国在世界工业总产量中的比重，从1870年的13.2％上升至1913年的

15.7％；同期在世界贸易总额中的比重从9.7％上升至12.6％，仅次于英国，也居世界第二位。

随着经济的迅速发展和向帝国主义过渡，德国从19世纪80年代起疯狂进行对外扩张。1914年，德国殖民地面积达到290万平方千米，人口1230万人，但殖民地面积还远不及英国和法国。为此，它不惜诉诸战争，试图以武力重新瓜分世界，夺取世界霸权。

第一次世界大战进入1918年，交战双方经过3年多激战，人员伤亡和物资消耗极大。战局互有胜负，相持不下。

此时，苏维埃俄国退出战争，美国远征军尚在大量组建训练之中。德军统帅部力图抓住摆脱两线作战困境和大批增援美军尚未到达欧洲的时机，在西线发动决定性的进攻，在1918年夏季之前打败英法联军，夺取战争胜利。

德军在西线共集结194个师，编成4个集团军群，总兵力约400万人，拥

协约国联军总司令福煦（右一）与德国代表签订停战协议

有火炮5000余门、飞机3000架、坦克近200辆。与之相对抗的西线协约国军队，有186个师，分属于法国和比利时的4个集团军群及英国远征军，总兵力500万人，火炮16000余门、飞机3800多架、坦克800辆。

稍后美国远征军大批抵达欧洲，有14个师55万人参加夏季作战。3月至9月，双方进行了第一次世界大战期间规模最大的一系列进攻和反攻战役。

德军从1918年3月21日至7月17日，先后发起5次大规模进攻战役。这几次战役虽然给了英法联军以沉重打击，攻占大片土地，再度迫近巴黎，但德军并未实现各次战役的预期目标，在协约国军顽强抵抗下被迫停止进攻。

其新占领地区形成3个巨大突出部，使战线拉长，给协约国军队实施反攻提供了条件。经过这5次进攻，德军折兵百万，兵源枯竭。1918年夏季每月需要补充16万兵员，实际只能拼凑到6万人。它再也无力发动新的攻势了。

另一方面，增援美军大批到达，双方兵力对比发生了更加有利于协约国的变化。

从7月18日起，协约国军队转入反攻，接连发动3次战役。至9月15日，已消除3个突出部，将德军驱逐回其春季攻势出发地，牢牢掌握了战略主动权。

1918年9月26日，协约国军队在西线向德军发起总攻。德军全线溃退，败局已定。

与此同时，在巴尔干战场，协约国军队于9月15日向保加利亚军队发动进攻。保加利亚军队在9月29日投降。

在中东战场，英军在10月1日占领大马士革，大败奥斯曼帝国军，相继占领叙利亚全境和美索不达米亚等地，迫使奥斯曼帝国于10月30日在停战协定上签字。

在意大利战场，意军于10月24日向奥军发起进攻。几天后奥军全面崩溃。奥匈帝国于27日向协约国求和。

10月28日，奥匈境内各被压迫民族掀起民族革命浪潮。维也纳爆发总罢工和游行示威，要求奥皇退位。

11月3日，已经瓦解的奥匈帝国投降，与意大利签订《停战协定》。

德国的崩溃是必然结果。它缺乏人力，最后一次征兵把14岁的孩子和60多岁的老人都征去了。由于协约国实施海上封锁，粮食和其他给养消耗殆尽。

11月3日，德国开始了"十一月革命"，布尔什维克和自由派制造的国内动乱震撼了政府。

11月9日，德皇仓促逃往荷兰。

11月8日，天主教中间派首脑马塞厄斯·埃尔茨贝格尔率领其他的德国代表来到贡比涅的协约国司令部外。

他们会见了协约国联军总司令福煦元帅，他用两天时间考虑了投降要求：

德国必须交出重炮和飞机、5000辆卡车、5000辆火车头和15000节车厢；大型军舰和大多数潜水艇要停泊在各协约国港口，驻扎在奥匈帝国、罗马尼亚、土耳其和俄国的德国军队必须立即撤出；莱茵河西部领土上的军队必须撤走。

埃尔茨贝格尔和他的同胞们同意这些条件。第一次世界大战是同盟国与协约国两个军事集团为重新瓜分殖民地和势力范围、争夺世界霸权而进行的一场全球规模的战争。战争的结局是同盟国集团的彻底失败，协约国集团付出极大代价而获胜。

以德国为首的同盟国集团由德意志帝国、奥匈帝国、奥斯曼帝国和保加利亚王国所组成。以英法俄为首的协约国集团由30多个国家和地区组成，协约国集团为取得大战的胜利付出了极大的代价，只有美国和日本掠获不少实际利益。

这场帝国主义战争，无论是从同盟国方面讲，还是从协约国方面讲，都意味着帝国主义的暂时衰落，国际关系将发生新的变化。

凡尔赛宫的

分赃丑剧

1919年1月18日，英法美意日等32国家和地区的首脑、外交官上千人，汇集到金碧辉煌、雄伟壮观的凡尔赛宫。

凡尔赛宫位于巴黎西南15千米处。前面是一座风格独特的"法兰西式"的大花园，园内树木葱茏，花红草绿，使人顿有美不胜收之叹。

这次，来到这里的是第一次世界大战的战胜国的首脑和外交官，他们将在这里召开和平会议，讨论与战败国签订和平条约，建立国际联盟，并策划武装干涉苏俄和匈牙利革命。

这是人类历史上第一次召开的具有世界规模的缔约会议。

参加巴黎和会的各国代表有1000多人，其中全权代表70人，后改为"四人会议"，即美国总统伍德罗·威尔逊、英国首相劳合·乔治、法国总理克利孟梭和意大利首相奥兰多。

但因意大利在大战中作用不大，几乎没有什么贡献，加上本国底子又薄，被英法冷落一边。实际上这次会议又变为"三人会议"，他们是巴黎和会的三巨头，也是主宰者。32个国家和地区代表团的名额和权利都是不平等的，德奥等战败国不允许出席和会，苏维埃俄国也被排斥在外。

各个战胜国对和会各有打算，都想最大限度地实现自己的掠夺野心，同时想方设法抑制对手。

法国是第一次世界大战的主要战场，又曾遭受1870年普法战争战败的屈辱，它处心积虑设法削弱和肢解德国，防止其东山再起，并确立自身在欧洲大陆的霸权地位。

英国仍持传统的"大陆均势"策略，既要大大削弱德国的竞争能力，以利维护自身在世界范围的霸权地位，又不愿德国被肢解或过分削弱，以利于抗衡法国，制约苏俄。

英法两国从一开始就卷入战争，不仅损失惨重，而且整个国力遭受重创，使它们在战后帝国主义列强的角逐中处于相当孱弱的地位。

1913年，英国本土人口为4000万余人，法国本土人口也有4000万人。战争期间，它们的军事人员死亡分别为90.8万人和153.7万人；负伤被俘失踪者分别为22.8万人和480.3万人。

英国1913年至1918年国家预算从1.97亿英镑增加至25.79亿英镑，5年中增长12倍。整个战争支出达124.54亿英镑，相当于同期国家收入的44％。

法国战时所受物资损失达2000亿法郎。其东北部10个省开战不久即被德军占领，沦陷4年的被占区原为重要采矿、冶金和纺织中心的，与法国经济生活相隔绝，工业品完全丧失。

大战期间，尽管军事工业有所扩展，但英法两国整个工农业生产趋向衰退。1913年至1918年间，生产资料生产下降14.3％，消费品生产下降23.9％。

另外，战争期间，英国丧失原有船只的70％，造船业由1913年建造船只总吨位120万吨降至1918年的77万吨。

德国的封锁、商船的减少、民用工业的衰落，使英国的对外贸易受到严重的影响。

1913年至1918年间，按实物量计算，出口贸易减少一半；贸易逆差由1914年的1.39亿英镑增加至7.84亿英镑。

为平衡国际收支，英国变卖10％的海外资产，并从美国的主要债权国变为它的债务国。

1919年，英国欠美国债务8.5亿英镑，占美国对协约国贷款的45％。英国同时失去了世界主要金融中心地位，世界贸易中的优势地位以及控制两百余年的海运垄断地位。

1919年，英国商船吨位低于战前14％；同期世界商船拥有量却增加2倍，主要是美日两国造船业的增长。

法国对外贸易入超总额，5年内达到600亿法郎以上，远远超过其支付能力。它同样沦为美国的债务国，至战争结束时共欠美国40亿美元。

战争的苦难主要落在大众身上，他们不但要承受失去亲人的伤痛，而且生活水平急剧下降，劳动条件越来越恶劣。

由于大量工人应征入伍，广大妇女儿童到工厂从事繁重劳动，工作时间很长，工资却很微薄。各种生活必需品实行严格配给，人们大多处于半饥饿状态。

英国工人实际工资在战争期间降低24％，而每个居民的税额从1913年的5.4英镑增加至1919年的19英镑。

法国工人的实际购买力仅为战前的1／3。政府还将战争费用的重担转嫁给人民；依靠提高税收、发行公债和货币来弥补巨额财政亏空。

与此相反，垄断资本家却大发战争横财。英国垄断资本在战争中获得利润40亿英镑。其矿场全部投资仅1.35亿英镑，而利润达到1.6亿英镑。

法兰西银行发行公债的佣金和利息，1914年第一季度收益1523万法郎，1917年第一季度增加至3362

万法郎。

　　不同阶级、阶层人们的境遇有天壤之别，这种情况加剧了国内阶级矛盾。英国工人阶级争取改善经济生活和民主权利的斗争，一浪高过一浪。

　　1914年参加罢工人数44.8万人，1918年达至111.6万人。绝大多数罢工不仅提出经济要求，还提出政治要求。工会运动有所发展，会员从1913年的413.5万人增加至1918年的653.3万人。

　　在军队中，士兵拒绝开赴前线，违抗军令的事件不时发生。1917年士兵

法国凡尔赛宫 ⬇

开小差者增加至2.1万余人，甚至军队内部发生了哗变。

在大战中失大于得的还有意大利。它在国力上远逊于其他欧美列强，但也已发展到帝国主义阶段，渴求扩张领土和市场，野心勃勃。

意大利原本是德奥意三国同盟一员，进入20世纪后逐渐分化出来。大战一爆发，交战双方都积极争取意大利。它暂时保持中立，与双方同时进行谈判，以争取在对它最为有利的条件下参战。

1915年4月26日，英法意俄四国在伦敦签订秘密条约，许诺意大利将在战后从奥匈帝国取得南蒂罗尔、特伦蒂诺、的里雅斯特、伊斯特里亚、达尔马提亚的部分地区和所属岛屿，阿尔巴尼亚的发罗拉地区，土耳其的安塔利亚和伊兹密尔两省，并在瓜分德国非洲殖民地时得到它将得到的一份。英国还同意向意大利提供5000万英镑贷款。

5月，意对奥匈宣战。在战争中，意军伤亡极大。它的主要作战方向在威尼斯湾北端通往的里雅斯特的伊松佐河地区。

自1915年6月至1917年9月，意军在100千米长的战线上对奥匈军队发动了11次进攻战役，损兵100余万，推进不超过16千米。

1917年10月至12月，获得德军6个师增援的德奥联军在伊松佐河上游发起卡波雷托战役，在300千米长的战线上推进100多千米。意军大败，死伤4万余人，被俘265万人，溃散30余万人。

意大利总共支出军费650亿里拉，而它每年的国民收入仅200亿里拉。为此，共借外债200亿里拉，内债350亿里拉。工人实际工资降低40％～50％，生活费用比战前提高402.8％。大战结束后，伦敦密约的许诺大多未曾兑现，在意大利国内激起了强大的民族主义运动。

与英法意等国的情形大不相同，美国和日本在第一次世界大战中趁火打劫，肆意掠夺扩张，大发横财。特别是美国，参战时间短，战场远离本国，又是协约国军需供应的"兵工厂"和总后方。它的损失轻微，获利最大。按1913年比价折算，美国支付的战争费用仅为英国的55％。

欧洲交战国对军需物资的需求及在世界市场上竞争能力的削弱，为美国

提供了增加工业生产和扩大商品输出的极好机会。

大战结束时，整个世界的国际贸易缩减到战前的60％，美国对外贸易却大量增长。

大战以前，美国是从欧洲输入资本的国家，积欠欧洲诸国60亿美元债务。战争期间，美国供应物资和军火作为对英法贷款，不仅偿清原先所欠债务，还借给协约国欧洲参战国103.38亿美元。

美国除影响欧洲以外，其扩张的目的是加强对拉丁美洲国家的经济控制和政治支配。

1917年，美国在拉丁美洲20个国家的进出口贸易中的比重，都已达到一半以上，分别占51.7％至54.8％。它对南美的资本输出，从1913年的13亿美元增加1919年的24亿美元。

战前它在南美洲没有一家银行，至1921年年初已开设50家银行分行。美国资本还进一步侵入中国。美国对华出口额，从1913年的3500万海关两增加至1919年的1.08亿海关两，增长2倍以上。美国向中国政府贷款1300万美元，攫取在华修建750千米铁路的权利和其他权益。

日本在第一次世界大战中，攫取的利益仅次于美国。日本迫不及待地站在协约国方面参战，其目的就是要接管德国在中国的"势力范围"，独霸中国，进而攫取德国的太平洋属地，从而继续向南扩张。

日本在1914年8月对德宣战，9月2日占领中国山东龙口，随即相继占领潍县、济南，控制胶济铁路，并在11月7日攻占青岛。日本人所到之处，杀人放火，奸淫掳掠，无恶不作。

与此同时，日本海军南下掠取德国在太平洋的殖民地马绍尔、马里亚纳和加罗林诸群岛。

1915年1月18日，由日本驻华公使向袁世凯政府秘密提出妄图灭亡中国的"二十一条"要求。

5月7日，日本发出最后通牒，限48小时答复。袁世凯政府除对其中第五条，即中国政府须聘用日人为政治、财政、军事顾问；中国警政及兵工厂由

中日合办；武昌至南昌，南昌至杭州、潮州间的铁路修筑权等声明"容日后协商"外，其他各项均于5月9日答复予以承认，并与日方签订《关于南满洲及东部内蒙古之条约》《关于山东之条约》等卖国条约及13个换文。

但在中国人民强烈反对，以及英美关于不得损害他们在华利益的表示之下，未能全部实际生效。

协约国多次要求日本派遣军队到欧洲作战，日本政府均以种种借口拒绝出兵。

至1917年3月，英法以承认日本对德属太平洋岛屿的占领为交换条件，日本派3艘军舰去印度洋和地中海。在整个大战期间，日本仅以军人死亡300人、负伤失踪910人的轻微代价，夺取了德国在远东和太平洋的"势力范围"，扩大了对中国的侵略和占领，而且大发战争横财，增强了在帝国主义列强角逐中的实力。

🔥 1919年4月28日，巴黎和会通过了《凡尔赛和约》

日本在远东的扩张和来自欧洲的军事订货，使它在1914年至1919年间的进出口贸易增加3倍以上，总额累计13.2亿日元。

日本成为主要海运国之一，还取得18.9亿日元的贸易外收入。1919年，日本从战前负债17亿日元的债务国成为借出5亿日元的债权国。

美国谋求进一步扩大在国际事务中的影响，实现称霸世界的野心，企图以威尔逊的"十四点"原则为基石，左右和会议程和决定。它指望控制国际联盟，使之成为它的争霸工具；还要保存德国的一定实力，以抑制英法，对抗苏俄；并要削弱日本在远东的影响。

"十四点"原则是美国总统威尔逊1918年1月8日在国会演说中提出，并在以后的声明中予以阐述的"世界和平纲领"。这是威尔逊总统对解决战后问题提出的建议。

"十四点"原则的主要内容：

1.以公开方式缔结和平条约；

2.公海绝对航行自由；

3.拆除一切经济壁垒；

4.缩减军备；

5.公平调整一切殖民地所有权要求；

6.从俄国领土撤军，允许俄国自愿选择自己的政治制度；

7.从比利时撤军，对其所应享有的主权不能给予任何限制；

8.解放全部法国领土，把阿尔萨斯-洛林归还给法国；

9.按民族的分布重新调整意大利的边界；

10.充分给予奥匈帝国各民族发展自治的机会；

11.撤离罗马尼亚、塞尔维亚及黑山，并给予塞尔维亚出海口；

12.奥斯曼帝国的土耳其部分仍享有主权，但属于土耳其统治的其他民族应享有发展自治的机会，达达尼尔海峡向一切国家

的船只开放；

　　13.建立独立的波兰，使其拥有安全自由的出海口；

　　14.成立国际组织，以保证所有国家的政治独立和领土完整。

　　"十四点"原则是美国企图凭借在战争中增长的实力，削弱主要竞争对手英法的地位，保证美国充当世界盟主的纲领。它不仅是结束第一次世界大战的条件，也反映了美国敌视苏维埃俄国，限制被压迫民族独立要求的立场。

　　日本和意大利也各有自己的如意算盘。

　　由此可见，"巴黎和会"是帝国主义战胜国列强分配战争赃物的会议，是它们继续争夺世界霸权的会议，也是损害殖民地半殖民地国家权益、镇压无产阶级革命运动的会议。整个会议的进程，充分反映了帝国主义国家之间错综复杂的矛盾纠葛。

　　其实，早在战败前夕，德国于1918年10月4日向美国表示愿在"十四点"基础上进行停战谈判及和平谈判。同年10月底，协约国就停战条款举行预备性会谈。

　　英法意首脑都不愿承担"十四点"内的义务。最后，美国威胁说将抛弃它的盟友单独与同盟国缔结条约。在此之后，英法才有条件地同意和谈。

　　"巴黎和会"的会议分为最高会议、专门委员会会议和全体会议3种。帝国主义五大国首脑及其外长组成"十人会议"，即最高会议，决定和会进程与重大问题。

　　为了便于列强首脑讨价还价，迅速作出决定，1919年3月下旬成立由美、英、法、意首脑组成的"四巨头会议"，并在它之下设立五国外长组成的"五人会议"，以取代"十人会议"。

　　至于全体会议，整个和会期间只开过7次，不过是走走过场而已。

　　"巴黎和会"一开始就为议程顺序展开激烈争吵。威尔逊主张首先讨论

国际联盟问题，坚持提出国际联盟应与和约共同构成统一的整体，盟约是和约不可分割的组成部分，对所有国家都具有约束力。

英法主张盟约与和约分开，先讨论瓜分殖民地和领土问题。"十人会议"就此争论了4天，最后决定国际联盟问题与其他问题同时进行讨论。

关于国际联盟盟约及对德和约的讨论，几乎每一条款都引起激烈的争执，威尔逊、劳合·乔治和克利孟梭甚至先后威胁要退出"巴黎和会"。

对国联盟约的主要争执是：英国反对盟约中列入海上自由条款，以维护它的海洋优势和贸易地位；美国则力图在海上自由的名义下向世界海洋扩张。美国坚持将德国殖民地和奥斯曼帝国领地交由国际联盟处理，实行委任统治制；英法等国反对委任统治原则，纷纷提出各自瓜分殖民地的方案。英国认为，各自战时所占领土应划归各自治领的版图。

由于威尔逊致力于建立国际联盟而背离门罗主义传统，为了不给反对派以口实，他力图在盟约中加上一段与门罗主义不相抵触的说明，因此，他不得不对英法做出某些让步，国际联盟盟约达成妥协。

慕尼黑3万多人抗议在凡尔赛作出的决定

1919年4月14日，克利孟梭提出萨尔区由法国实行委任统治及英法驻军莱茵河左岸15年等建议，并表示同意将门罗主义写入盟约。与此同时，为了换取英国支持，美国向英国作出口头保证，放弃海上竞争。

三方经过秘密交易而达成谅解。

1919年4月28日，《国际联盟盟约》在巴黎和会全体会议上通过。国际联盟理事会的权力机构是会员国全体会议及行政院；行政院由9国代表组成，美、英、法、意、日为常任理事国，另有4个非常任理事国。

《盟约》确立殖民地委任统治制，将原属德国和奥斯曼帝国的殖民地分别交由英、法、日等战胜国实行委任统治；其实，这不过是殖民统治的另一种形式。

威尔逊满以为美国将能操纵由他倡议建立的国际联盟，结果出乎他的意料，国际联盟的实际控制权被英法所掌握。尽管英法之间也有矛盾，但它们在维护原有霸权地位，攫取战争赃物，抑制美国控制国际事务等方面，有着共同的利害关系。

国际联盟的表决制度，全体会议是一国一票，程序问题可以多数决定，英国连同其自治领地和印度即拥有6票。在行政院，英法也容易形成多数，足以遏止美国操纵的图谋。

殖民地的再瓜分，主要利益落入英、法手中，美国一无所得。美国虽软硬兼施，费尽心机，但到头来，通过的国际联盟盟约，对它来说，只是赢得一纸空文。由此引起美国国内的广泛不满。

由于《国际联盟盟约》是《凡尔赛条约》的组成部分，美国参议院在1919年11月19日以53比38的多数拒绝批准和约。因而，国际联盟的创立者美国没有加入国际联盟。

《对德和约》条款是战胜国列强在"巴黎和会"期间争吵最激烈的问题。

1919年3月25日，劳合·乔治就此向美法提交一份备忘录，主张莱茵区仍归德国，实行非军事化；法国除收回阿尔萨斯-洛林外，将获得萨尔煤矿开采权10年。同时，由英美向法国提供军事保证，以防止可能来自德国的

侵略。波兰可获得但泽走廊。尽管法国国内对此强烈不满，但慑于英美的压力，在做了小的调整以后达成妥协。

《凡尔赛条约》共15部分440条。其第一部分是国际联盟盟约，第二部分以后是对德和约。主要内容是：

1.重新确定德国的疆界。阿尔萨斯-洛林归还法国。萨尔煤矿归法国所有，萨尔区行政管理由国际联盟负责，15年后举行全民投票决定其归属。

莱茵河两岸50千米内划为非军事区，德国无权设防。莱茵河左岸由协约国占领15年，划分为3个占领区，分别在满5年、10年、15年后撤军。

有3小块面积为384平方千米的地区归属比利时。石勒苏益格-荷尔斯泰因经过公民投票，其拥有1538平方千米的北部地区归属丹麦。在东部，将波兹南、西普鲁士大部和西里西亚一部分交给波兰；但泽作为自由市，由国际联盟管理，波兰有权控制但泽走廊。

德国还放弃梅梅尔，并将上西里西亚南部划归捷克斯洛伐克。

2.瓜分德国的全部殖民地。按委任统治制，德国的非洲属地由英、法、比利时和英国自治领南非统治。所属太平洋岛屿、赤道以北诸岛归日本统治，赤道以南由英国自治领澳大利亚、新西兰统治。取消德国在中国、埃及、摩洛哥、利比里亚等国的特权。

3.最大限度解除德国武装。废除普遍义务兵役制，限定德国陆军不得超过10万人，海军兵员不得超过1.5万人，撤销总参谋部。规定德国拥有军舰的最多限额，禁止拥有潜艇及军用飞机。禁止生产和输入坦克、装甲车等重型武器。

4.规定赔偿原则和附加的经济条款。德国及其同盟国需赔偿协约国因战争所受的一切损失。由协约国赔偿委员会在1921年5月1日以前决定德国应在30年内付清的赔款总额，此前德国应交付协约国200亿金马克赔款。

德国必须交出并归入赔款账内的实物清单。还规定10年以内，每年交付协约国4000万吨煤等。德国最重要的河流交由国际专门委员会控制，法国免税向德国出口一定数量货物，而德国出口货物必须付税等非互惠措施。

1919年5月7日，"巴黎和会"主席克利孟梭将和约文本交给德方，通知德国代表不得进行任何口头辩论，可在15天内用书面陈述意见。

德方力图利用协约国列强之间的矛盾，接连发出备忘录，要求放宽某些

各国代表在审议和平条约

条件，声称"这个条约的条款之苛刻，是德国人民所无法忍受的"。

5月29日，德方向"巴黎和会"主席提交答复，其中包括一整套的反对建议。

很多德国水兵宁愿把自己的军舰沉没，也不愿把它们拱手送给协约国。德国的海军官兵们1919年6月12日中午相约登上被扣押在斯卡帕夫罗海湾的德国军舰，以升上一面红旗为讯号，准备把这些船只沉没。

他们打开船上的防水活门，使除了"巴登号"以外所有的大型船只、主力舰和战斗巡洋舰迅速沉没。

英国警戒舰立刻向他们开火，德国兵或者利用救生筏，或者靠着游泳返回岸上。他们随即被岸上的英国海军拘捕，有部分拒绝从命的德国水兵丧生在英军的枪口下。

6月16日，"巴黎和会"将和约最后文本交给德方，仅做了不重要的改动，如原拟将上西里西亚割让给波兰改为举行公民投票。

克利孟梭在照会中宣称，对于"今天这一条约文本，要么完全接受，要么完全拒绝"，要求在5天内答复；如到期还未答复，列强将宣布停战期终止，"采取他们认为有利于强制执行和约有关条款的步骤"。协约国为此集结39个师，福煦受权在"停战终止时，立即开始前进"。

德方对是否接受和约发生重大分歧，内阁辞职，重新组成新政府。国民议会主张在不承认德国是大战发动者、不接受追究战争罪责条款的前提下批准签署和约，但协约国拒绝接受任何保留意见。

在停战期限终止前1小时30分，德方才被迫宣布无条件接受和约。

在导致第一次世界大战的萨拉热窝枪杀案5年后的1919年6月28日，和平条约在法国签订，《凡尔赛条约》正式结束这场战争，但在德国引起了新的愤恨和摩擦。

事实上，德国代表说如果事先知道被如此对待，他们是不会到凡尔赛来的。德国代表因被迫由隔离通道进入明镜大厅而感到耻辱，拒绝进入大厅，直至协约国同意仪式结束时向他们致以军礼，他们才走进大厅。

法国主人尽其所能将会场布置得华丽壮观。1871年，德国人曾在凡尔赛使法国人处在卑躬屈膝的地位。

法国总理克利孟梭是到达凡尔赛的第一位协约国领袖，他在大会开幕式上发表简短演说，警告德国要尊重条约的规定。但克利孟梭并不是第一位在和约上签字的协约国领袖。此项殊荣给予了美国总统伍德罗·威尔逊。

签字仪式结束后，威尔逊、克利孟梭和劳合·乔治从明镜大厅走到凡尔赛宫后面的平台上，为此成千上万的观众激动不已。

人群簇拥着向前移动以便能看见这些政治家。他们欢呼着："克利孟梭万岁！威尔逊万岁！劳合·乔治万岁！"如此这般的激动和混乱以致协约国的其他代表一时也被挤在大厅里面。

德国代表蒙耻离开会场，并在他们所住旅馆中发表对所受的对待感到十分愤慨。在德国国内那些《凡尔赛条约》的批评家们又何止是愤恨呢！抗议者们涌入街道，德国学生放火烧毁法国军徽。

中国反对和约有关中国山东的一些条款，拒绝签字。美国参议院拒绝批准此项和约。

出席和谈会议的英国代表，经济学家约翰·梅纳尔·凯恩斯警告人们说：和约可能给德国经济带来严重破坏。其他批评家对《凡尔赛条约》能否真正带来一种永久的和平表示怀疑。

1921年7月，美国会两院通过共同决议，宣布结束对德战争，同年8月25日美德签订和约。

1919年9月10日，在巴黎附近的圣日耳曼宫签订《对奥条约》，称为《圣日耳曼条约》。11月27日，在巴黎近郊讷依签订《对保条约》，称为《讷依条约》。

1920年8月10日，在巴黎附近的色佛尔签订《对土条约》，称为《色佛尔条约》。

以《凡尔赛条约》为主的这一系列条约，基本构成战后国际关系，主要是欧洲国际关系的新体系，通常称为"凡尔赛体系"。这一系列条约的条款

是极为苛刻的，是对战败国人民肆无忌惮的掠夺。

凡尔赛体系建立了欧、亚、非三大洲的新秩序。

国际联盟标榜的是"促进国际合作，维护国际和平与安全"；声称凡对国际联盟成员国任何一国从事战争者，即被确认为对国际联盟所有成员国的战争行为，国际联盟应给予经济，甚至军事制裁。

国际联盟盟约还规定，维护殖民主义的委托统治制度。根据这种制度，国际联盟把第一次世界大战的战败国德国的殖民地和奥斯曼帝国在中东的领地分别委托给英、法、日等帝国主义国家来统治。

所谓委托统治制度，实际上是帝国主义重新瓜分殖民地的制度；从另一方面看，帝国主义列强不得不承认，这是受国际联盟委托，一旦这些殖民地能够自主，它们将取消这种委托。

总之，帝国主义企图通过国际联盟，在世界人民心目中制造和平幻觉，以巩固巴黎和会所形成的凡尔赛体系的"新秩序"。

至20世纪30年代，国际联盟对日、德、意法西斯的侵略行动，不但未加制止，反而纵容包庇，终于导致了第二次世界大战的爆发，国际联盟也就随之瓦解，1946年4月正式宣告解散。

协约国

恃强凌弱

1919年6月28日，华丽壮观的法国凡尔赛宫明镜大厅。

衣冠楚楚的威尔逊、克利孟梭和劳合·乔治正襟危坐，满脸沮丧的德国代表垂头丧气。随着笔尖在一大叠文件上的移动，《凡尔赛条约》如期签订。

凡尔赛宫后面的平台上，成千上万的观众激动不已。然而，这只是少数国家的狂欢，大部分参战国和受害国的利益都没有得到保证。

中国是战胜国之一，代表团由北京和广州派官员联合组成，有北京外交总长陆征祥、驻英公使施肇基、驻美公使顾维钧、驻比利时公使魏宸组及广州的官员王正廷等。中国代表团最初对和会抱有很大的希望，在提交的议案中提出了7个条件：

1、废弃势力范围；

2、撤退外国军队、巡警；

3、裁撤外国邮局有线无线电报机关；

4、撤销领事裁判权；

5、归还租借地；

6、归还租界；

7、关税自由权。

此后，在中国留欧学生的强烈要求下，中国代表团又追加了一项提案：

请求"巴黎和会"取消1915年5月25日的中日协约即"二十一条"及换文的陈述书。

"二十一条"是日本帝国主义以威胁利诱的手段，迫使袁世凯政府签订的把中国的领土、政治、军事及财政等都置于日本的控制之下的不平等条约。

"换文"是1917年日本与段祺瑞控制下北京政府签订的"密约"。主要内容为：

1、胶济铁路沿线之日本国军队，除济南留一部队外，全部调集于青岛；

2、关于胶济铁路沿线的警备：日军撤走，由日本人指挥的巡警队代替；

3、胶济铁路将由中日两国合办经营。

段祺瑞政府在换文中，对日本的提议"欣然同意"。驻日公使章宗祥向

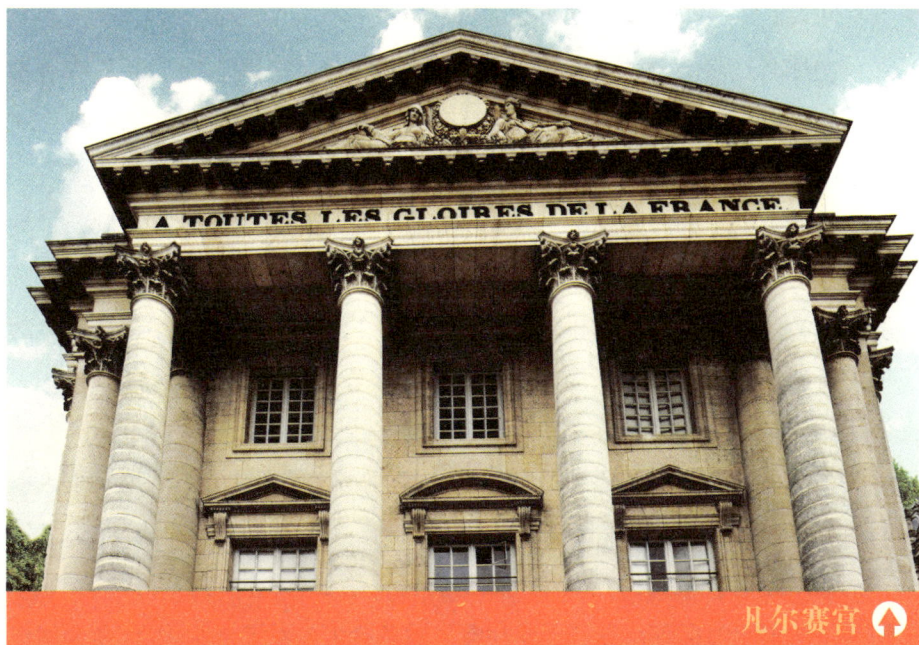

A TOUTES LES GLOIRES DE LA FRANCE

凡尔赛宫

日本政府亲递换文，消息传出后举国哗然。

1919年1月27日，由美、英、法、意和日本代表组成的所谓"五人会议"讨论德属殖民地问题，中国代表列席参加。在此后连续几天的会上，中日两国代表就山东问题展开了激烈的争辩。日方首先提出中国参战晚，未发一兵一卒，因此不能享受战胜国待遇，顾维钧列举了中国对协约国的贡献，指出中国应享有的权利。

日方代表以第一次世界大战中出兵山东赶走德国人，实际控制青岛为由，称胶州湾以及铁路并德国人在山东的所有权利均应无条件让与日本。

顾维钧从山东的历史、地理及文化讲起，说明青岛完全是中国的领土，不容有丝毫的损失，因此山东主权应当直接交还中国。

日本代表又搬出"二十一条"和1917年日本与欧洲列强签订的密约作为根据，中国代表据理力争。消息传出，舆论哗然，全国人民纷纷致电声援中国代表。但是，"巴黎和会"的"十人会议"对中方关于废弃势力范围、撤退外国军队、巡警及取消"二十一条"要求的两次提案，均以与"巴黎和会"无关为由予以拒绝。

1919年4月下旬，美英法意首脑会议3次讨论中国山东问题，中国代表被拒之门外，连会议记录也不准看。4月30日，美英法"三巨头"召开最后一次关于山东问题的会议，只邀请日本代表参加，再次排斥中国代表。会议决定，德国侵占的中国胶州地区、铁路、矿山、工厂等及一切附属权利，"均为日本获得并继续为其所有"，并将这一严重损害中国主权的决定列入《凡尔赛条约》。北洋政府屈服于帝国主义压力，密令中国代表签字，由此激起了中国轰轰烈烈的"五四"爱国运动。中国代表最后拒绝在《凡尔赛条约》上签字。

在"巴黎和会"上，还有一项并非会议正式议程却始终在明里暗里进行策划的内容，就是对苏维埃俄国的武装干涉。

列强对扼杀苏俄在目标上是一致的，但策略上有不同考虑。协约国联军总司令、法国元帅福煦，在"巴黎和会"预备会上公然要求组织200万反对苏

俄的远征军，并建议主要由美国提供军队。此前，美军已有1.5万人被派往苏俄北部和远东地区，参与武装干涉。威尔逊拒绝增派军队。

劳合·乔治认为：俄国这个国家虽然很容易攻入却很难征服。他们主张采取谈判策略，以做好掩护武装进攻的准备。

整个和会期间，列强多次讨论武装干涉苏俄问题，批准对苏俄经济封锁，在波罗的海沿岸各国组成"防疫地带"，抑制苏俄革命斗争的扩展。

"四人会议"还接见苏俄各种反革命组织的代表，派遣协约国军事代表团，提供武器装备，并讨论利用苏俄邻国的军队进行武装干涉的计划。

1920年4月，协约国集团利用波兰和弗兰格尔匪帮为主力，向苏维埃俄国发动一场武装进攻。

在协约国唆使和支持下，波兰于1920年对苏俄发动了战争，4月进入乌克兰，5月攻占基辅。与此同时，弗兰格尔军队由克里米亚自南向北发动进攻。

苏维埃军队从5月下旬转入反攻，收复了大片失地，并于8月中旬进抵华沙和利沃夫。波兰政府无力继续战争，遂于10月15日同意和谈。

10月20日，俄罗斯、乌克兰同波兰签订了初步和约。11月上旬，继波兰军队失败后，红军多次重创弗兰格尔军队，并最终将其赶出克里米亚，从而彻底打败了帝国主义对苏俄的3次武装干涉，基本结束了国内战争。

"巴黎和会"还成立策动武装干涉匈牙利革命的指挥部。1919年3月21日，匈牙利苏维埃共和国宣告成立。

"巴黎和会"立即召开紧急会议。协约国总部下令禁止同匈牙利贸易，实行经济封锁。4月16日起，罗马尼亚、塞尔维亚、法国、捷克斯洛伐克军队先后从东线、南线、北线展开全面进攻。进攻部队在巴尔干协约国军总指挥、法军将领的统率下，总兵力达20万人至22万人。

克利孟梭代表"巴黎和会"两次向匈牙利政府发出最后通牒，以罗马尼亚撤军和邀请匈牙利参加和会为交换条件，要求匈牙利红军停止进攻，撤至1918年停战协定规定的分界线内。7月5日，"巴黎和会"作出进一步武装干涉匈牙利的决议，终于在8月初颠覆了匈牙利苏维埃共和国。

德国承担
战争赔款

德国赔款问题也是"巴黎和会"上争执激烈的问题。法国要求德国赔偿战胜国的全部战费和全部损失，以此作为削弱德国的重要手段。

法国提出德国赔款总额为6000亿至8000亿金马克，折合150亿至200亿美元。"巴黎和会"专门委员会建议的赔款总额为4800亿金马克，即120亿美元，英美主张赔偿数额应与德国支付能力相适应。

至于赔款分配的份额，英国主张按军事开支分配赔款的原则，提议法国得50％，英国得30％，其他国家20％。

法国强调它遭受战争损失最大，坚持应得58％，英国得25％。美方试图折中，主张法国56％，英国28％，但反对英法把偿还美国债务同赔款问题联系在一起。

最后商定和约不确定赔款总额，交由一个特别赔偿委员会研究，至迟在1921年5月1日以前向德国政府提出确切的要求。

巨额的赔款导致德国出现恶性通货膨胀。因此1921年1月6日，英国首相劳合·乔治和法国总理白里安在夏纳召开会议，讨论德国请求延付赔款事宜。德国代表团在会上说明德国所处的经济困境。

在夏纳会谈中，德国代表表示："德国为了偿付战争赔款，就得扩大出口，如此势必会威胁到法国的工业。"

英法两国原先同意让步，但这一让步却随着白里安政府于1月12日的突然垮台而终止。法国新任总理雷蒙·普恩加莱坚持德国必须履行《凡尔赛条约》中的条款。德国代表团在夏纳会议中唯一争取到的是允许其延期付款和

在热那亚召开世界经济会议。

1921年1月24日，协约国在巴黎决定了德国应付的战争赔偿。基数近560亿金马克，分42年付清。此外，德国还将被迫交纳其12.5％出口商品税。

尽管德国没有派代表出席巴黎会谈，但会议上仍然产生了争议。法国总理白里安和英国首相劳合·乔治之间产生了尖锐的分歧。劳合·乔治对法国要求更多的赔款这一点十分反感，以致拒绝离开他在格里朗旅馆的房间。

白里安不仅向德国要更多赔款，而且要求德国均分其战后重建新繁荣的利益。出口商品税就是对法国这种要求的让步。

为了防止德国抵制支付的赔款，协约国也制订了相应措施——如果德国不能支付，协约国威胁说要接管德国关税，在莱茵河两岸地区驻扎军队并重新占领鲁尔。因为协约国的金融专家计算过，德国通过缩减军事预算和取消高薪可以负担一半赔款，但德国马克正在迅速贬值，要想获得赔款"不过是竹篮打水"。

果不其然，1921年3月1日，在伦敦举行的协约国会议上，德国拒绝了为数2260亿马克的战后赔款。德国只同意扣除已缴纳的赔款之外，再付500亿马克。因为德国想通过国际贷款来筹措赔款，但协约国驳回德国的建议，并指斥该建议是不可接受的。

1921年3月7日，伦敦谈判中断，双方僵持不下，未取得任何结果。8日，协约国采取德国拒付赔款的制裁措施：比利时和法国军队占领了杜塞尔多夫、杜伊斯堡、鲁罗尔特，不久又占领了米尔汉姆和上豪森，并且解除当地警察、武装卫队的武装。

1922年8月2日，由于偿付战争赔款和国家银行采取膨胀性的贷款政策，德国的通货膨胀犹如雪崩一般急剧变化。

1922年8月初，1美元兑换860马克，到了月底1美元可以兑换1990马克。由于协约国坚持执行德国分期偿付赔款，使马克在国际股票市场上的汇率立即下跌。德国必须以外汇和黄金支付赔款。

由于法国对鲁尔区的占领及当地居民的罢工，给德国增加了极为沉重的

负担。被占领区有数以百万的居民需要资助和救济，政府必须购买煤炭供应那些缺煤的地区。为满足国家日益增长的需求，货币印刷机只好昼夜不停地运转。

4月份，政府的收入仅为支出的1/7。直至4月中旬，国家银行还能在外汇交易所通过出售外汇、黄金而购进马克，来支撑疲软的马克，但是，鲁尔区的持续斗争，使人无法采取任何支撑措施。

物价像脱缰的野马狂奔乱跑。德国人的忍受能力正面临严峻的考验，饥饿在全国蔓延着。在萨克森，愤怒的人群进行暴力活动，以抗议物价飞涨。

据此，1923年6月5日，德国国家银行行长鲁道夫·哈文斯坦公开承认马克支撑无望。

1924年7月16日至8月16日，协约国伦敦国际会议批准了关于德国赔款问题的计划，并得到德国议会立即通过。这个计划是由美国银行家道威斯为主

《凡尔赛条约》主要签约者

席的专家委员会拟定和提出的，所以称"道威斯计划"。

"道威斯计划"在1924年4月8日公布，计划所依据的原则是所谓"只谈业务，不管政治"。

计划规定，在协约国的监督下改组德国国家银行；但没有确定德国赔款的总数，只规定1924年至1925年的赔款数为10亿金马克，以后逐年增加，5年后增至每年20.5亿金马克；德国将得到8亿金马克的外国贷款，其中美国承担1.1亿美元，余额由欧洲国家承担。

计划规定，德国工业企业和铁路运输收入的一部分、关税的一部分作为赔款支付，法国、比利时军队立即撤出鲁尔。

"道威斯计划"的通过和实施，说明法国对德政策的失败，英、美对德政策起了主导作用。"道威斯计划"实施后，德国所得到的贷款远远超过8亿金马克。

据统计，1924年至1929年，英、美两国给德国的贷款至少有200亿至250亿金马克，而美国给德国的贷款就占了德国全部外国贷款的70％。德在此间支付的赔款为110亿金马克。

美、英的贷款和"道威斯计划"对德国经济的恢复起了不小的作用，德国借此有利条件以现代化的技术更新了本国的装备。至1927年德国生产已经恢复至战前水平，1929年，德国的工业经济水平已经超过英、法。

"道威斯计划"实施后，德国的财政经济日趋稳定，1927年，德国的输出已经超过战前水平。与此同时，德国在外交上向英、法、美提出协约国家军队提前撤出莱茵地区和减少赔款的问题。

为了研究修改"道威斯计划"中有关德国的赔款计划，1928年12月成立了特别专家委员会。这个委员会由美国银行家欧文·杨格担任主席，所以这个委员会制订的计划称"杨格计划"。

制订计划经过了激烈的争论，德国代表要求大量削减赔款款额，由于美国从德国的收益主要是投资利润而不是赔款，所以美国支持德国的要求。法、比、意反对减少赔款，英国要求从德国得到的赔款足够偿还美国的债

务。

经过长期的争论调停，"杨格计划"于1929年6月7日得到特别专家委员会的赞同。8月6日至31日，由英、法等12个国家参加的海牙会议通过了"杨格计划"。

"杨格计划"是"道威斯计划"的延续，但又与"道威斯计划"不同。"杨格计划"规定，德国赔款总额减至1139亿马克，每年支付额比"道威斯计划"减少20％，前37年，即至1966年3月31日为止每年平均支付约20亿马克，后22年，即至1988年为止支付16亿至17亿马克；计划取消了协约国对德国财政经济的各种监督。

"杨格计划"的通过，表明协约国进一步放宽《凡尔赛条约》对德国的限制，也表明德国国际地位的进一步提高，美国对欧洲和德国的经济、政治影响继续加强。

1929年，国际联盟在海牙举行会议。会议上英国、法国、意大利和比利时在德国同意下，达成关于赔偿的最后决定，并且同时约定至1930年夏季——比《凡尔赛条约》规定时间早5年——撤出莱茵兰占领区。

"海牙协议"是经过英国政府和它以前的盟国间的极艰巨的讨论还价才达成的。有很多次会议似乎必然要完全失败了。但是，当最后获得成功的时候，人们普遍表示了异乎寻常的宽慰和满意。

一般辩论和整个会议的确充满了目标一致和希望一致的精神，这是历来大会没有能达到或以后注定不能恢复的。

出席大会的会员国数目比以前增多，代表团的质量也比以前提高了。包括30位总理或外交部长的53个国家的代表团，坐满了改革大厅。

这是第十届大会，在几个月之后，就到国际联盟正式诞生的10周年了。因此各国发言人在讨论本国特别感兴趣的问题的前后，都要考虑一下国际联盟总的情况，把它最初成立时的期望，和它头10年的成绩以及它未来的展望做一番比较。

来自欧洲、南美洲和远东各国的代表一个接一个地发表声明：尽管存在

一些不尽如人意的事，国际联盟仍然证明它的创立者的信念是正确的；它已经作了巨大的贡献，并且注定还要作出更大的贡献。

它的实际工作经验，证明它的继续存在的必要；他们以及他们代表的各国人民依赖它并且决心维护它。

第二次海牙会议经过卓有成效的讨论，于1930年1月20日闭幕。作为战败国的德国为第一次世界大战所承担的经济后果终于获得调整。在海牙谈判的文件中规定，欧洲国家将两次海牙会议的全部成果和"杨格计划"合并处理，对德国因第一次世界大战而产生的一切财政问题做了重新的安排。

德国表示将负起新条约规定缴纳赔偿款项的义务，为执行这项会议决定，将建立一个国际银行，德国通过这个国际银行缴付债务。

为确保德国付款，该条约的签字国规定德国在货币经济受到威胁时，可以使用延期偿付权。如果在执行过程中出现不同意见，不可不顾德国的意见另作决定，而是应该通过一个有计划的规章，并在有德国参加的仲裁法庭中进行谈判。

所有的与会国家均希望随着条约的批准，能够有条理地处理大战之后赔款问题。

1930年2月5日，德国参议院批准"杨格计划"，同时，国会也开始讨论"杨格计划"的提案。此后在3天的辩论中，赞成政府派和德意志民族主义派各持己见，互相争论不休。

最后，国会将所有的提案提交主管委员会，该委员会马上着手工作，经过14天的激烈争议后，终于在月底通过了"杨格计划"的全部条文。

德国总统兴登堡在其中折中协调，为困难重重的国会立法工作铺路。

1931年，德国又以经济困难为理由，要求延期支付赔款，得到美国总统胡佛的支持，发布了"胡佛缓债令"，实际上取消了赔款。从"道威斯计划"到"杨格计划"，德国在经济上得到美、英的种种支持。

1931年6月5日至9日，德国总理布鲁宁和外交部长科蒂斯到英国访问，试图向对方解释目前极度困难的处境，但未获得具体的结果，无功而返。

美国总统胡佛建议有关国家制订一个延期偿付期，允许各债务国暂停付款一年。在欧洲停留的美国财政部长安德烈·梅隆立即与相关国家进行谈判。

与此同时，一个国际银行财团贷款一亿美元给德国国家银行，以缓和外国纷纷提走存款的危机。

1931年6月20日，针对调整赔款及战争债务的"杨格计划"面临着解体的危险，德国的经济状况显然已付不出6月份到期的赔款额，结果连带使德国的债权国无法付清对美国的战债。

"杨格计划"规定至1988年为止，德国每年向一系列国家付款，其中大部分的款额又将转付给第一次世界大战期间协约国的主要债权国美国。

条款中规定，德国每年必须缴的款额达10亿马克，以当时的世界经济状况而言，任何一国均得不到这些款额，仅仅是从国际预算银行贷款，德国每年就得支付利息1.1亿马克。

美、英所以这样做，完全是为了本国的资本和商品输入欧洲，为增强他们在欧洲的势力，为了培植德国力量，以牵制法国，反对苏联，并收"养鸡取卵"之效。

美日英的
军备竞赛

　　"巴黎和会"以后，远东和太平洋地区还没来得及根据帝国主义力量对比的变化建立一个战后的新秩序，于是，美、日、英三国为此展开了激烈的造舰竞赛。

　　鉴于此，经美国发起，于1921年11月12日至1922年2月6日举行了"华盛顿会议"。

　　帝国主义列强对霸权的争夺，在打败德国以后，就世界范围而言，主要是英美之争；在远东及太平洋区域，则是日美矛盾日益发展并趋于尖锐。自1902年签订的《英日同盟条约》，经1911年续约10年后，将再次面临续约。

　　日本于5月派皇太子访英，希望延长盟约。美国认为，英日同盟在第一次世界大战以前主要是对付俄国和德国，在战后将主要针对美国，有利于日本的扩张，因而极力阻挠英日续订盟约。

　　美国参议员洛奇说：

　　英日同盟是在我们对远东的关系中和在太平洋上的一个最危险的因素，它正在鼓励日本穷兵黩武和准备在海上、陆上挑起新的冲突。

　　美国欲改变它在"巴黎和会"以后的不利处境，首先要夺取远东和太平洋区域的霸权，特别是对中国进行扩张，其主要障碍来自日本。

第一次世界大战结束后，日本在华投资已接近英国，并几乎掌握中国对外贸易的一半，超过英美而居第一位。

《凡尔赛条约》确认日本获得德国在中国的全部权益及赤道以北太平洋岛国殖民地，加强了日本在远东的地位。美日两国争相扩建海军。

1921年7月10日，美国向英、日、中、法、意等国建议，在华盛顿召开国际会议，讨论限制军备及太平洋和远东问题。荷兰、比利时、葡萄牙在远东或太平洋拥有属地，要求参加会议。华盛顿会议共有上述9国代表及英国4

● 美国首府华盛顿

个自治领和印度代表与会。

1921年12月13日签订的《美、英、法日关于太平洋区域岛屿属地和领地的条约》，通称《四国条约》，有效期10年。

条约规定：

互相尊重它们在太平洋区域内岛屿属地和岛屿领地的权利，缔约国之间发生有关太平洋某一问题的争端，应召开缔约国会议解决。缔约国在太平洋区域的权利遭受任何国家威胁时，应协商采取有效措施。

《四国条约》是以美国为主角的新集团取代英日同盟。尽管签约同日，4国发表共同声明指出，不能认为缔约表示美国同意委任统治条款，但是无异于承认了战后瓜分太平洋区域殖民地和势力范围的既成事实，承认日本所攫取的权益，使美英日之间的冲突得到短暂的延缓。

1922年2月6日签订的《美、英、法、意、日五国关于限制海军军备条约》，通称《五国海军条约》。这一条约使英国被迫承认英美两国海军实力相等的原则，意味着英国海军优势开始丧失。

条约对日本做了一定限制，但

035

美国放弃在菲律宾、关岛和阿留申群岛建立海军基地的权利，英国放弃在香港以及在东太平洋岛屿建立海军基地的权利，作为对日本的补偿，仍对日本有利。条约对主力舰和航空母舰以外的其他舰种和陆空军军备均无限制，因而并不能真正缓和列强的海上竞争与军备竞赛。

1922年2月6日签订的《九国公约》，全称《九国关于中国事件应适用各原则及政策之条约》，是华盛顿会议讨论远东及太平洋问题的主要文件。公约全文共9条，其中第一条是美方代表起草的《四点决议草案》，也是条约的核心。

它形式上宣称"尊重中国的主权与独立及领土与行政之完整"，但并没有任何保证。

美国代表解释时说，这只是适用于中国的18个省，而不包括"南满"、内蒙古与西藏，仍然维护日本、英国对中国侵略扩张的特权。

《九国公约》的实质在于肯定美国提出的所谓"门户开放、机会均等"原则，为美国排挤各国在华势力，进行扩张和夺取霸权创造有利条件。

《九国公约》完全漠视中国的愿望。中国代表向会议提出的有关中国问题的"十项原则"中，列举了废除过去中国给予各国在华的一切特权；撤销各国对华各种政治上、司法上、行政上的限制；现有的对华条约应有期限规定；凡涉及让予权的解释应有利于让与国等主张。

在随后的讨论中，又明确提出将以前德国在中国的一切权利归还中国；日本放弃"二十一条"，取消外国在中国境内的一切特权，废止外国在华租借地和"势力范围"，撤销外国人的领事裁判权，撤退外国在华军警，关税自主等要求。

对于中国代表的提议，帝国主义列强均以种种借口予以拒绝，仅就山东问题，由英美出面进行斡旋，促成中国与日本直接谈判，英美代表以观察员身份参加。

1922年2月4日，中日代表签订《解决山东悬案条约及其附约》。

条约规定：

日本将德国旧租借地胶州湾交还中国，撤退日军，中国将胶州湾德国旧租借地全部开为商埠；胶济铁路路权归属中国，中国偿付日本3200万银圆铁路产值，未偿清前车务长与会计长职务仍由日本人担任。

日本在山东仍然保存相当大的经济、政治势力。这一条约修改了《凡尔赛条约》关于山东问题的决议，为签订《九国公约》铺平了道路。

至此，帝国主义列强完成了第一次世界大战的最终分赃。

华盛顿会议实质上是巴黎和会的继续，其直接目的是要解决《凡尔赛条约》未能解决的帝国主义列强海军的力量对比，调整它们在远东及太平洋区域特别是在中国的利害冲突，完善第一次世界大战后的帝国主义和平体系。

可以说，在巴黎和会期间，英法攫取了战胜国的最大利益，并控制了国际联盟。在华盛顿会议期间，美国占了上风。巴黎和会与华盛顿会议之后，第一次世界大战后帝国主义列强间的力量对比，构成了新的国际关系总体格局。

总体来说，华盛顿会议暂时在一定程度上缓和了帝国主义列强之间的关系，同时隐藏着新的冲突。

列强之间的
利益纷争

凡尔赛—华盛顿体系是按照战胜国列强统治集团的意志强加于战败国及世界各国的。它建立在重重矛盾的基础之上，因而是极不稳固的。

战胜国与战败国之间，战胜国相互之间，帝国主义列强与弱小国家和被压迫民族之间，充满着矛盾。

一些矛盾被强行抑制了，一些矛盾暂时取得某种妥协，另一些矛盾又产生或激化起来。明里暗里，到处存在着激烈的争斗，随时可能爆发新的危机、出现新的事件，危及国际关系的稳定，破坏帝国主义列强的和平秩序。

1921年1月，协约国英法意日比等国代表向德国提出赔偿方案，在42年内偿付总共为2260亿金马克（折合565亿美元）的固定赔偿及每年交付年出口值12％的不固定赔偿，为德国政府所拒绝。

协约国军于3月8日占领杜塞尔多夫等鲁尔地区3个城镇，实施制裁。

4月27日，协约国赔偿委员会规定赔偿总额为1320亿金马克（折合330亿美元），分为每年支付20亿金马克的固定赔偿和交付年出口值26％的不固定赔偿。

德国被迫接受，但在支付1921年赔款后表示财政困难，请求延期支付。

从1922年3月起，马克汇率大幅度下降，至同年8月，与英镑比价降至1921年5月的5％。

英国建议将赔款总额降至500亿金马克，延缓4年偿付。

法国、比利时反对削减赔款，只同意延缓偿还期2年，在此期间德同应负担占领军费用。

战后初期国际关系中发生的一连串事件，足以证明凡尔赛—华盛顿体系的脆弱性。

1919年9月12日，意大利诗人邓南遮率领一支由退伍军人和民族主义狂热分子组成的义勇军占领阜姆城，宣布阜姆城并入意大利。这一事件从一个侧面反映了帝国主义战胜国之间的矛盾。

1919年4月23日，意大利首相奥兰多因在巴黎会议四巨头会议上要求兑现伦敦密约给予意大利的领土许诺，要求将在亚得里亚海处于枢纽地位的阜姆城划归意大利，遭到美英法三国首脑拒绝而暂时退出巴黎会议，至临近签署对德和约时，才于5月10日重新与会。

意大利是战胜国的五强之一，在战争中付出巨大代价，然而，战后对其领土许诺大多并未兑现。

意大利朝野广泛认为受了欺骗，曾发起反对《凡尔赛和约》的政治运动。邓南遮占领阜姆城是将民族主义狂热推向了极端。阜姆城问题至1924年才基本解决。

由此，意大利对美、英、法深怀不满，其极端民族民主主义思潮的泛滥成为意大利法西斯主义得以迅速崛起的重要因素之一。

1922年4月10日至5月19日，在意大利热那亚举行了有34个国家和地区代表参加的国际经济会议。

这次会议名为讨论复兴欧洲经济问题，实质上是帝国主义列强在对苏俄进行武装干涉失败以后，转向在外交、经济上对苏俄施加压力，企图尽可能多地迫使苏俄做出让步，以解决沙俄旧债问题，废除国有化法令，签订奴役性条约，进而在苏俄恢复旧制度。

会议起初出于苏俄的建议。1921年10月28日，苏维埃政府致英、法、美、日、意等国照会中建议召开国际会议，研究有关建立欧洲和平与经济合作问题。

照会表示，只要各国正式承认苏维埃政府并向它提供贷款，苏俄愿意承担沙皇政府所借外债。这表明苏俄希望通过作出适当让步，与西方缔结全面

的和平条约。

1922年1月6日，英、法、意、比、日等国代表在法国戛纳举行协约国最高委员会会议，讨论召开包括苏俄在内的欧洲各国经济会议。

由于英国首相劳合·乔治与法国总理白里安事先经过磋商，戛纳会议当即通过决议在热那亚召开此会，并"要求各国总理尽可能亲自参加"。作为观察员列席戛纳会议的美国代表声明：美国政府不同苏维埃政府打交道，拒绝参加热那亚会议。但它仍派观察员出席。

热那亚会议期间，协约国方面向苏俄提交《复兴欧洲和俄国经济备忘录》，要求苏维埃政府偿还沙皇和临时政府以及地方当局总计184.96亿金卢布的债务（其中战前旧债96.5亿卢布、战债88.46亿卢布），发还或赔偿被收归国有的外国人在俄财产，取消对外贸易垄断制，允许外国人在苏俄享有治外法权，由协约国监督苏俄财政。

苏俄坚决反对以该备忘录作为协议的基础，并向协约国提出反对要求，指出协约国对武装干涉和内战给苏俄造成的损失负有不可推卸的责任，应赔偿已经计算出来的损失390.497亿卢布。结果双方未能达成任何协议。

热那亚会议是苏维埃政府成立后第一次参加的国际会议，协约国以苏俄为谈判对象，意味着资本主义大国对新生的社会主义国家事实上的承认。

苏俄不仅宣传了它的外交政策，而且在会前与拉脱维亚、爱沙尼亚、波兰达成在会上一致行动的协议，并与德国就建立两国正常政治、经济关系进行谈判，在外交上取得了重大成果。

相反，协约国方面则公开暴露了内部矛盾。还在戛纳会议期间，列席会议的德国代表要求热那亚会议讨论减轻德国赔款问题。戛纳会议后，法国总统和陆军、财政等部部长对戛纳决议大为不满，反对邀请苏俄和德国参加热那亚会议，尤其反对讨论德国赔款问题。

法国议会大多数议员对总理白里安猛烈攻击，导致白里安辞职，代之以普恩加莱。

后者立即向英国发出照会，要求会期至少推迟3个月；如苏俄不预先承认

戛纳会议提出的一切条件，法国将不派代表团参加会议。

英法两国首脑为此举行会谈，英方以放弃讨论德国赔款和修改和约问题换得法方同意如期召开热那亚会议。

会议期间，在同苏俄谈判过程中，协约国曾起草一个答复苏俄的5月2日备忘录。

法国反对应英国要求，将那些颁布国有化法令前在俄国拥有产业的公司和个人宣布为有权取得赔偿的"原业主"的内容写进备忘录，并拒绝签字。

美国公开反对"原业主"问题的解释，原来此时英美公司争夺苏俄油田租让权的斗争已趋于白热化，英荷壳牌石油公司在俄国革命前已拥有在俄大油田，如作为"原业主"将在争夺租让权中占优先地位。

美国出席会议的观察员奉命声明：

决不容忍同俄国缔结任何损害门户开放政策或我们所要求于俄国的财产权利的协定。

热那亚会议结束以前，在国际关系中发生了另一个重大事件。

1922年4月16日，苏俄和德国在热那亚近郊的拉巴洛谈判成功，签订《德国和俄罗斯苏维埃联邦社会主义共和国协定》，通称《拉巴洛条约》。

两国决定在法律上相互承认，恢复外交关系，相互放弃赔偿要求，根据最惠国待遇原则发展贸易，进行经济合作。

苏俄突破了帝国主义列强图谋建立的反苏统一战线，提升了自己的国际地位。德国也摆脱了在战后的孤立处境，开始挣脱《凡尔赛和约》的束缚，从东方寻找经济出路。

苏德两国自此经历了长达10年的合作时期，提供了不同社会制度国家实行和平共处的实例。

《拉巴洛条约》给协约国集团各国以很大冲击，它们除了发出照会抗议，实行无关紧要的报复之外，别无他法。

此后，在1924年至1925年间，英、意、法、中、日等国相继在法律上承认苏俄。这一事件表明，不同社会制度国家间的矛盾并不是完全不可调和的，而帝国主义国家之间矛盾的存在，则使它们往往从各自的利害考虑而分道扬镳。

1923年1月11日，法国伙同比利时以德国未能履行赔偿义务为借口，出兵鲁尔，几乎囊括德国工业心脏地区整个鲁尔盆地。德法矛盾及英美与法国的矛盾迅速激化。

鲁尔事件一时成为战后初期欧洲国际矛盾的焦点。

1923年1月11日，法国出动3个师，由比利时军一支分遣队随同，以德国有意不履行木材、煤炭赔偿交付，对其实行制裁为名，侵占鲁尔。

法国、比利时军队占领鲁尔，在德国引起极大愤慨。德国政府除提出严重抗议外，鼓励并支持鲁尔地区居民开展"积极抵抗"运动。

政府明令禁止向占领当局纳税，禁止与法国、比利时贸易。居民拒绝同占领者合作，拒不服从占领当局的任何命令。反抗占领者的破坏行动层出不穷，一些场合甚至发展为流血冲突。

埃森的克鲁伯工厂职工遭法军枪击，死伤65人。斗争焦点是煤炭交付和铁路运输。占领当局接管煤矿，从法国、比利时境内招募矿工，并动用万余人的工兵部队直接经营铁路，均收效不大。

1924年1月，法军又利用美国撤军机会开进莱茵河左岸原美国占领区，扩大对莱茵河右岸桥头堡的占领。

鲁尔被占领使德国丧失钢铁产量的80％，煤产量的85％，铁路运输和矿山交通的70％，对外贸易急剧减少，经济陷于崩溃。在实行"消极抵抗"运动的一年间，近15万德国居民被驱逐出鲁尔。

为"消极抵抗"运动提供财政支持，使德国政府增加了难以承受的负担。马克跌至无异于废币的地步。绝大多数德国人的生活遭到近似毁灭性的打击。经济政治危机日益深化，社会动荡。

德国政府被迫于9月间撤销支持"消极抵抗"运动的一切条令。1924年年

初，鲁尔和莱茵地区的"消极抵抗"运动全部结束。

对于法国来说，出兵鲁尔实际上得不偿失。它不仅在政治上陷入孤立，经济上也没有获得预期的利益。它从鲁尔掠夺所得，除去占领军费用，纯收益仅5亿法郎。

占领鲁尔导致德国停止支付赔偿，而法国在赔偿总额中的份额达一半以上，反过来又严重损害其财政信用。

1923年间，法郎在国内外金融市场的价值下跌25％。它要面对英美大量抛售法郎和有价证券的压力，财政状况急剧恶化。连最初支持法国占领鲁尔的意大利也被英美拉拢，一同要求停止占领鲁尔，重新审议德国赔偿问题。

英美对法国占领鲁尔极为不满。

英国政府不仅关心从德国索取赔偿，而且希望德国恢复经济，以此推动有利于英国垄断资产阶级的欧洲经济"复兴"。它在政治上开始扶持德国，借以制约法国，包围苏俄。

美国虽然在战后实行"孤立主义"政策，仍以有利于自己的方式干预欧洲事务，特别是影响欧洲经济。

美国认为鲁尔事件造成德国经济崩溃，严重阻碍欧洲经济"复兴"，对美国的经济利益极为有害。

鲁尔问题和德国赔偿问题能否解决，还关系到美国能否收回欧洲协约国所欠100余亿美元的战争债务。

英美更担心德国局势继续恶化，有使魏玛议会民主制被颠覆的危险，并使欧洲大陆现存社会政治结构和帝国主义国际体系遭到严重破坏。结束鲁尔事件，成为美英在外交上最紧迫的事务。

1924年5月，法国狂热的霸权主义分子普恩加莱在大选中失败而下台，这标志着法国对德国政策的破产。

8月16日，有美国和德国代表参加的协约国伦敦会议，通过"道威斯计划"。

它规定在提供外国贷款和改组德国财政的基础上，按德国偿付能力重新

确定年度赔偿额，恢复赔偿交付，结束法国、比利时对鲁尔的占领，立即恢复德国在鲁尔的行政和经济控制。

从9月1日起，开始实施"道威斯计划"。11月18日，最后一批占领军撤出鲁尔。

在1929年至1931年实施"道威斯计划"期间，美国私人资本主要以短期贷款形式共向德国提供22.5亿美元贷款，同期德国向各协约国偿付27.54亿美元赔偿，美国则从各协约国收回约20亿美元战债本息，德国经济得以迅速恢复。

鲁尔事件充分反映出列强构筑的凡尔赛—华盛顿体系的脆弱性。

战后初期，欧洲国际关系又经历一次重要改组。法国开始丧失依赖英法合作而维持的优势地位。

德国在英美扶持下渡过第一次世界大战结束以来最严重的经济、政治和外交危机，逐渐恢复经济实力及其大国地位。

资本主义经济政治发展不平衡的规律再一次显现。战争结束以来，协约国列强对德国的凌辱和掠夺，特别是《凡尔赛和约》和鲁尔事件给予德国经济和政治上的严重打击，在德国各阶层民众中激起强烈的复仇情绪，极端民族主义思潮泛滥。这正是希特勒和纳粹党在德国得势的重要思想根源和社会基础。

帝国危机

共产主义运动的发展

　　1917年11月，俄国无产阶级在以列宁为首的布尔什维克的领导下，成功地建立起世界上第一个社会主义国家，这是无产阶级打碎旧世界、建立新世界的一次最伟大的创举。第一次世界大战结束后，为了抗衡帝国主义列强在"巴黎和会"上筹建的国际联盟，由俄国共产党发起，成立了共产国际，他们的革命实践加剧了帝国主义全面危机。

十月革命
取得伟大胜利

　　沙俄以一个1.8亿人口的国家投入第一次世界大战。俄军在大多数战役中损兵折将，节节败退，士兵苦不堪言，逐渐滋长厌战情绪。不少士兵参加反战运动，同情或倾向革命。

　　沙俄从参战至1917年年初，财政入不敷出，靠滥发货币和大量举债维持，引起严重通货膨胀。除军事工业外，民用工业和农业产量大幅度下降。广大城市的民众处于饥饿、半饥饿状态。彼得格勒随时有断粮危险。

　　帝国主义战争和严重经济危机促进了人民的觉醒。1916年，全俄罢工总人数超过100万，许多人在"打倒战争""打倒专制制度"的口号下展开斗争。不少农民起来抗租，夺回地主攫取的粮食和生产资料，撵走地主。

　　在严酷的民族压迫和战争动员之下，中亚细亚被压迫民族在1916年7月发动起义，从费尔干省的霍占城开始，发展到塔什干、哈萨克斯坦和吉尔吉斯等地，一直坚持到二月革命以后。

　　在一些地方，大批士兵开展反战斗争，出现整团甚至整师军队拒绝执行进攻命令的事件。布尔什维克党在军队中的影响日益扩大。

　　不仅工农兵群众迅速趋向革命化，俄国统治集团内部也频频发生统治危机。沙皇尼古拉二世及皇后寄托于迷信、宠信骗子拉斯普廷，听任他控制皇室大部分权力，并在1916年年初任命亲德人物为大臣会议主席兼外交大臣，引起统治集团内部斗争激化。

　　后来，沙皇被迫再次更换大臣会议主席，拉斯普廷也遭暗杀。资产阶级头面人物一度策划挟持尼古拉二世，迫其退位，另立沙皇。这一宫廷政变图

谋虽未实现，但它充分表明沙俄专制统治已经穷途末路。

严重的经济、政治和社会危机，导致了社会矛盾极度激化，革命风暴终于来临。

1917年3月10日，彼得格勒25万工人举行反对饥饿、反对帝国主义战争、反对沙皇的政治总罢工。沙皇政府下令开枪镇压示威群众，激起更加强烈的反抗。

11日，布尔什维克党维堡区委决定将罢工变为武装起义。12日起义席卷全城，士兵成批转到革命阵营中来，沙皇王朝大臣和将军纷纷被起义者逮捕，革命在全俄迅猛展开。

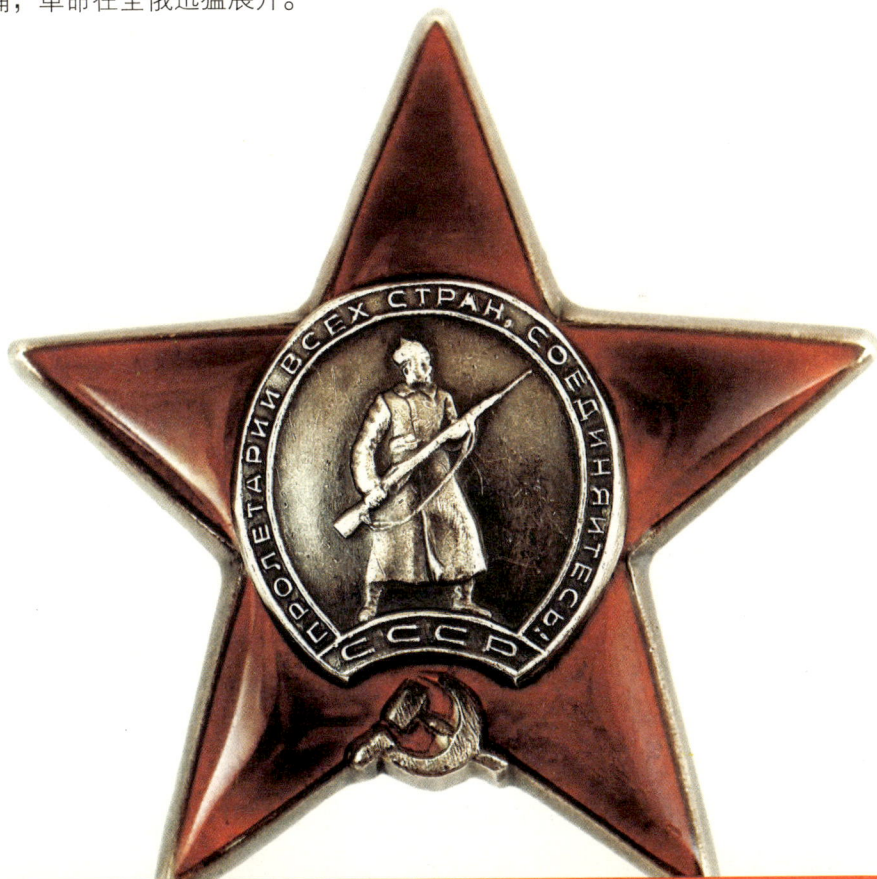

布尔什维克的红五星标志 ▲

3月15日，尼古拉二世被迫退位。统治沙俄300余年的罗曼诺夫王朝就此覆灭。因此次革命发生在俄历二月，通称"二月革命"。

"二月革命"是一次资产阶级民主革命。革命期间，彼得格勒建立了新的政权机构工农兵代表苏维埃，但资产阶级在孟什维克和社会革命党的支持下成立俄国临时政府，形成两个政权并存的局面。

临时政府对内镇压革命力量，对外继续进行帝国主义战争，是一个反人民、反革命的政权。无产阶级与资产阶级的矛盾发展成为俄国社会的主要矛盾，从民主革命向社会主义革命转变已是斗争发展的必然趋势。

在列宁领导的布尔什维克运动蓬勃发展之际，沙皇并未认识到沙皇统治时代已行将就木，仍不顾人民的强烈反对，把大批的俄国人送上战场。

1917年7月1日，20万俄军向被德军占领的伦贝格攻去。先头部队是最精锐的哥萨克骑兵旅。俄军旗开得胜，很快就俘获德国人1.7万名，以后几天又俘获了1000多人。

可是，德、奥军队迅速得到后备军的支援，从7月7日起，使用大量野战炮，在广阔的战线上进行反攻。结果俄军全线溃退，进攻完全失败。短短10天之内，死伤6万人以上。

这是俄军在第一次世界大战中对德军发动的最后一次大规模进攻。

极力主张发动这次进攻的，是临时政府的陆海军部部长克伦斯基，他是布尔什维克的死敌。他打的如意算盘是：如果进攻胜利，他的威望将大大提高；如果进攻失败，可以把账算在布尔什维克身上，说他们煽动士兵反对战争，以致造成战事失利。

现在，进攻失败了。于是克伦斯基玩了一个新花招：借口要补充前线兵力，下令把首都一些他认为不可靠的驻军调到前线去。

这一来，首都的士兵们再也忍受不了了。

7月16日下午，两个士兵突然闯进布尔什维克彼得格勒市委开会的地方，向主席团发表声明说：

我们是首都第一机枪团的代表。我们团决定今晚发动起义，推翻临时政府，并且已派出代表到各工厂、团部联络。希望党中央和市委立即组织队伍，领导武装起义！

接待这两个代表的是斯大林。他是当时的党中央委员，负责指导彼得格勒市委工作，并负责党中央机关报《真理报》的工作。他清醒地意识到，军队和外省都还没有做好支援首都起义的准备，猝然发动，肯定会遭到临时政府的血腥镇压。

因此向这两名代表作了解释，并希望他们团里的党员根据党中央的决定办事，不要贸然发动起义。

不料这两位代表全然不听斯大林的劝告，气愤地说："打倒临时政府是全团的决议，我们绝不违反它！"说罢气呼呼地离开了会场。

斯大林知道形势非常严重。正巧这时列宁又因病暂离首都，不能立即得到他的指示。因此，他派人将情况紧急通知党中央委员斯维尔德洛夫，同时又派人向列宁报告。

经过多方面的说服解释，准备发动起义的士兵们总算接受了党中央的指示：第二天举行一次大规模的和平示威游行。第二天上午，列宁抱病返回首都。他表示完全同意党中央的决定，把武装发动改成和平示威游行。

次日清晨起，成千上万的工人和士兵列队走上街头。他们高举着"要和平！要面包！要自由！"的标语和旗帜，有秩序地开始行进。参加示威游行的有近50万人。

临时政府悍然出动军队镇压示威群众，搜捕和杀害革命党人，在全俄实行白色恐怖。

下午14时，游行队伍经过一个热闹的十字路口的时候，突然响起了清脆的枪声。先是一响，紧接着是"噼噼啪啪"的射击声。霎时间，一大批人倒在地上，秩序井然的队伍马上混乱起来。

随着人们的惨叫声，端着枪的步兵和举着马刀的骑兵，恶狠狠地向手无

寸铁的群众冲来。

顷刻之间，大街上淌着工人和士兵的鲜血。同一时刻，有准备的政府军队在各处出现，对游行队伍进行血腥的残杀。

原来，克伦斯基早就从前线调回了好几个忠于政府的团队，加上首都军事学校学生——士官生的配合，有计划、有准备地制造了这一流血事件。

为了避免进一步流血牺牲，保存革命力量，党中央在事件发生的当天晚上，就号召游行群众和平地返回工厂和营房。可是，克伦斯基并不就此罢休。他企图借此机会，一举消灭布尔什维克。

布尔什维克党的处境非常危险，只能转入地下活动。

果然，临时政府公开地镇压革命力量了。布尔什维克党的机关报被捣毁和封闭，工人赤卫队的武装开始被解除，有革命情绪的士兵被迫害，许多团和师被解散。

临时政府最害怕因而最憎恨的是列宁。因为他们知道，布尔什维克党的"完全不信任新政府"、"特别要怀疑克伦斯基"、"把无产阶级武装起来"等都是列宁提出来的。因此，要搞垮布尔什维克党，首先要把列宁抓起来。

但这又必须寻找一个借口。于是他们造谣说，列宁是个"德国间谍"，拿了德国人许多钱，到彼得格勒来组织武装叛乱。一下子，报纸上刊登的全是这类文章。

有了这个借口，临时政府在7月20日正式发出了逮捕列宁的命令。

这天夜里，一辆满载政府士兵的大卡车，急驶到列宁住所门前。冲进门后，军官挥舞着手枪逼问列宁夫人："列宁在不在家？我们奉令进行搜查!"

列宁夫人冷冷地回答说："他不在家。"

原来，在临时政府发出逮捕令以前，列宁就秘密转移了住所。

军官一声令下，士兵们立即打开橱柜、拉出抽屉、抬起沙发，乱纷纷地搜查起来。可是什么东西也没搜到。军官怒气冲冲地从一沓信里抽出一封看了起来。

这封信是从远方一个农村里寄来的，上面写着：

列宁同志，只有你才能挽救俄国，我们一定跟着您走……

军官失望地扔下信件，再次逼问列宁夫人，结果当然还是一无所获。他恼羞成怒，命令士兵把列宁夫人带走。

他们虽然没能抓到列宁，但估计到列宁不可能这么快就离开首都，一定隐藏在市内哪座房屋里。因此当天深夜下了一道命令：

首都所有的房屋看守人，明天一清早都要站在大门口检查出门的人。凡不是认识的，一律不让外出，马上报告政府，当局要派人前来辨认。

他们以为这样一来，肯定能抓到列宁。

列宁果真还没有离开首都。

这天晚上，他住在城内一个工人家里。第二天一早，他从窗口里看到，两个守门人紧张地站在大门口，马上明白了这是怎么回事。于是他拿着一把伞，不慌不忙地出门，一直向守门人走去。

守门人见屋里走出一个陌生人，想喊住他问问话。可是，列宁走得那么镇定、自然，连守门人也不相信他是个被通缉的人。

两个守门人对列宁看了又看，越看越肯定他不像是政府要捉拿的人。他们互相使了一个眼色，让列宁从身边走了过去。

列宁接连转移了几个住所。过了几天，他平安地离开了首都。

1917年7月27日，克伦斯基爬上了临时政府总理宝座，并兼任陆海军部部长。从此，白色恐怖笼罩全国各地。这些发生在7月里的重大事件，在俄国历史上称为"七月事变"。

"七月事变"，标志着俄国革命已经不可能再走和平发展的道路了。

以克伦斯基为代表的资产阶级临时政府对外继续进行帝国主义战争，维护英美法帝国主义的利益；对内则竭力维护统治机器，压制人民群众，企图解散工人武装，进而消灭苏维埃。他们四处调集军队，抽出闪亮的屠刀，准备屠杀人民群众。

布尔什维克党着手组织推翻临时政府的武装起义。

9月7日，彼得格勒工人和士兵迅速平定由临时政府策划、得到帝国主义列强支持的俄军总司令科尔尼洛夫叛乱。革命与反革命的力量对比发生了重大变化。

在这种严峻的形势下，被迫流亡在芬兰的列宁，不顾个人的安危，毅然秘密回到彼得格勒。

10月20日夜里，一位个头不高、工人打扮的人匆匆来到斯莫尔尼宫，已经等候在那里的布尔什维克党中央委员会成员激动地站了起来。这位工人打扮的人摘去了假发，微笑着和大家握手。

一位老布尔什维克流着激动的热泪，充满感情地叫道："列宁同志，你身体好吧？"

"好！好！同志们也好！"列宁也异常激动地问候大家。随后，紧急会议便在这种热烈气氛中召开了。

列宁严肃地讲道：

目前形势极为严峻，我们必须及时地进行一次新的革命，把国家权力从临时政府手中夺过来，全部权力应归工人代表苏维埃。

接着，大家进行了热烈的讨论，一致同意列宁关于准备举行新的武装起义的提议。

不料，就在他们秘密召开会议的时候，有个奸细混进了斯莫尔尼宫，杀害了放哨的苏维埃战士，并且偷听了他们讨论的内容。资产阶级临时政府立

刻警觉起来，加紧调集军队，并下令逮捕列宁。

在这种情况下，布尔什维克党中央委员会按照列宁的布置，准备提前举行武装起义。

为了把列宁的讲话内容传达给彼得格勒的布尔什维克党人，以便号召大家行动起来，党中央将决定在11月6日的《工人之路报》上刊登出来。

但临时政府军队早有察觉，这天清晨，一伙临时政府军队突然闯进《工人之路报》编辑部，当即查封了这份报纸。

这个消息传开之后，赤卫队员和革命士兵们迅速集结，并把临时政府的军队轰了出去。工人们加班加点，很快便把《工人之路报》印了出来，并散发出去。

于是，彼得格勒到处传扬着列宁的讲话，大家高声读着："政权应该交给工人代表苏维埃！"

人们奔走相告，几个小时以后，20多万人组成的革命队伍集合起来，在布尔什维克党的领导下，迅即进入战斗状态。

在列宁的亲自指挥下，一队队战士出发了，很快便占领了火车站、邮电局、电话局和银行等重要设施和部门。他们所到之处，受到群众支援，很多临时政府军队官兵也转到人民这边，临时政府完全孤立了。

第二天，也就是11月7日，除了临时政府所在地冬宫和少数几个据点以外，彼得格勒实际上都掌握在革命军队的手里。

列宁当即作出决定：占领冬宫！

于是，革命军队从四面八方团团包围了冬宫。

冬宫是座堡垒式建筑，要攻占它相当困难。它西北面紧靠涅瓦河，东南方是一条水渠，正前方则是一个开阔的广场。从11月7日清晨起，临时政府就命令士官生用成垛成垛的木头，排成深厚的街垒，堵住了冬宫的全部出入口。

在街垒里面，架设有机枪和各种小型火炮，守卫在这里的2000多名士官生，昼夜注视着冬宫四周。

克伦斯基一面给部下打气，鼓动他们坚决抵抗，而自己则借口迎接援军，乘上美国大使馆的汽车，逃之夭夭了。

起义部队领导人安东诺夫，按照列宁的指示，派人给临时政府发出最后通牒。可临时政府认为冬宫牢不可摧，而且有克伦斯基请求的援军将到，因而毫不迟疑地拒绝了起义部队的要求，欲做顽抗。

列宁当即向安东诺夫下达命令：必须在当天夜里占领冬宫，逮捕临时政府的全部成员！

这天，夜幕刚刚降临，一艘小船划向停泊在涅瓦河里的"阿芙乐尔号"巡洋舰，一个年轻的小伙子从小船上跳到舰上。

一个放哨的士兵走上前来，厉声喝道："干什么的？"

"我马上要见别雷舍夫！"年轻小伙子气喘吁吁地说道。

那哨兵又端详了一下对方，才勉强说道："请跟我来!"

于是，两人一起走进舱内。一个中年汉子正对围在自己身边的几个人说着什么，见进来两个人，便急忙问道："有什么事吗？"

年轻小伙子急忙上前，迫不及待地问道："您就是别雷舍夫同志吗？"

"是的，我就是！"

"这是革命军事委员会给您的命令。"说完，从怀中掏出一封信来。

别雷舍夫接过一看，转身对大家说道："同志们，军事委员会命令我们，今晚21时40分向冬宫开炮！"

众人一听，兴奋地轻轻叫了出来。别雷舍夫急忙让大家静下来，认真地向各位布置了一番。然后，对那位年轻的小伙子说："请你转告军事委员会，21时40分，我们准时开炮！"

那个年轻小伙子满意地点了点头，告别了众人，走出船舱，上了小船，又慢慢地向岸上划去。

别雷舍夫是巡洋舰上的政治委员，今晚的战斗由他指挥。他每隔三五分钟就看一次手表，按捺不住心中的兴奋之情，炯炯的双眼直视前方。

21时40分，别雷舍夫果断地发出命令："舰首炮，准备——"炮手们

"喀嚓"一声把炮弹推上膛。接着，他毫不迟疑地将高举的右臂向下一劈，喊道："放！"

"轰！"的一声巨响，炮弹带着硝烟从炮口直冲冬宫。紧接着，其他大炮也一齐轰鸣，颗颗炮弹向冬宫射去。

巨大的宫殿颤动起来，顷刻之间，宫内便是一片火海。随着"阿芙乐尔号"巡洋舰的炮声响起，起义部队在安东诺夫亲自率领下，冲向冬宫，与街垒的士官生展开激烈的枪战。

革命战士前赴后继，英勇无畏，不顾疯狂的扫射，勇敢向前冲去。街垒的士官生哪见过这种气概，吓得纷纷逃跑，有的干脆扔下枪支，举手投降。

革命战士边喊边跑边射击，很快穿过空地，奔上宫门前的阶梯。但是，巨大的金属制宫门拦住了他们的去路，很多战士从未见过这样威严坚固的门槛，一时不知所措。

这时，一名指挥官命令战士爬过去打开大门。于是，几十名战士同时攀着铜杆爬了上去。一会儿，沉重的大门缓缓打开，上千名战士呐喊着涌了进去。这呐喊声，代表着他们几代人的怨愤，带着无数个被沙皇残害过的人的仇怨，因而，格外响亮，可以说是惊天动地。

几千人涌进冬宫，便四处搜索。但冬宫很大，建筑物又多，战士们东找西寻，并未发现临时政府的要员，还不时被隐藏在阴暗的楼梯和栏杆后面的士官生射中。

安东诺夫见状，急忙找到一些倾向革命的冬宫仆役，让他们带路，有组织地袭击敌人。这样，士官生失去地理优势，很快纷纷被战士们击毙。

经过一段激战，守军基本上被消灭，可临时政府的要员还未抓到，战士们把一楼和二楼翻了个底朝天，仍一无所获。

安东诺夫身先士卒，带着一支队伍，直向三楼冲击。

他们冲到一个大房间，看到几个人影在东躲西藏，安东诺夫举枪喝道："缴枪不杀！"

这群衣着讲究、脸色苍白的家伙，颤抖着举起了双手。他们正是临时政

府的副总理和诸位部长们。

"我们以革命军事委员会的名义宣布：你们被逮捕了！"安东诺夫严厉地说道。

这些平时专横跋扈、不可一世的达官贵人终于低下他们高傲的头。

攻占冬宫的消息马上传开了。已经两夜没合眼的列宁顾不得休息，马上起草了《和平法令》和《土地法令》，并在第二天召开的苏埃维代表大会第二次会议上通过。

在这次大会上，成立了苏维埃政府，列宁当选为第一届苏维埃人民委员会主席。这样，人类历史上第一个由人民当家做主的政权诞生了！

随即，莫斯科起义在几经曲折后于11月15日取得胜利。俄罗斯出现了列宁所说的苏维埃政权凯歌行进时期。它的工业发达地区莫斯科周围中部各省，至1917年12月初已几乎全部建立苏维埃政权。

1918年4月，90％以上的市有了苏维埃政权。西伯利亚和远东在1917年年底以前，大部分少数民族地区都相继建立苏维埃政权。

俄国十月社会主义革命的胜利，在资本主义世界体系中打开一个缺口，促进了各国无产阶级革命和民族运动的高涨，加剧了国际斗争的尖锐性和复杂性，这是帝国主义全面危机的主要标志之一。

苏俄粉碎
外国武装干涉

　　十月革命以在全俄建立苏维埃政权而赢得完全胜利，但保卫革命胜利果实、巩固苏维埃政权，还经历了3年严酷的国内战争和反对帝国主义列强武装干涉的斗争。

　　苏维埃国家建立后的首要任务，就是退出帝国主义战争，实现和平。1917年11月8日，在第二次全俄工兵代表苏维埃代表大会会议上通过了《和平法令》，宣布苏维埃政权"向一切交战国的人民及其政府建议，立即就缔结公正的民主的和约开始谈判"。

　　协约国拒绝苏维埃政府的和谈建议；同盟国为改善两线作战的不利处境，同意进行和约谈判。

　　从1917年11月20日苏俄与德奥代表开始进行停战谈判，至1918年3月《布列斯特-立托夫斯克和约》签字，期间经过布尔什维克党内克服尖锐分歧，德方提出苛刻条件及发动全线进攻，苏维埃政权终于以沉重代价换得短暂的"喘息"时机，与同盟国集团各国媾和，退出世界大战。

　　德国爆发十一月革命后，苏俄于当年11月13日宣布废止屈辱性的《布列斯特和约》。

　　帝国主义蓄意要将新生的苏维埃政权扼杀在摇篮里。协约国列强策动和支持俄国白卫势力举行反革命叛乱，并直接出兵武装干涉，指望颠覆和铲除苏维埃政权。

　　1918年3月，英法美等国派出军舰和军队，入侵苏俄北部的摩尔曼斯克。4月，日本海军陆战队及随后美英军队在远东的符拉迪沃斯托克（即海参

苏维埃领导人列宁（左二）和斯大林（左三）在一起

1947
105

崴）登陆。

5月，列强策动由战俘组成的捷克斯洛伐克军团举行叛乱，占领西伯利亚、乌拉尔和伏尔加河流域的广大地区。

苏俄国内的反革命力量，在帝国主义列强的支持下，先后形成3支最危险的白卫势力。

在东部和中部，有沙俄海军上将、前黑海舰队司令高尔察克在鄂木斯克建立的伪军事独裁政权。其反革命武装得到捷克军团的配合，盘踞在西伯利亚、乌拉尔和伏尔加河流域一带，在1919年年底始被红军消灭。

在南俄和乌克兰，有沙俄将军、哥萨克骑兵军军长克拉斯诺夫的哥萨克白卫军和沙俄将军、二月革命后任最高统帅参谋长、方面军司令的邓尼金所统率的"南俄武装力量"。

克拉斯诺夫1918年曾两次进攻察里津，失败后逃往德国。邓尼金白军在1919年占领整个乌克兰，从南面向莫斯科进攻，同年10月被红军彻底击溃。

在西北部有沙俄步兵上将、高加索集团军司令尤登尼奇率领的白卫军。他就任高尔察克的西北军司令，部队在1919年两次进攻彼得格勒，于同年年底被红军彻底消灭。

外国武装干涉的高峰则在1919年春夏，由协约国组织的14国部队联合进攻，其兵力多达130万人，其中有英、法、美、日军约31万人，白卫部队37万人。

在高尔察克和邓尼金所部两次进攻失败以后，协约国又策动波兰军队于1920年4月对苏俄发动战争，5月初占领基辅。

双方互易攻守后在同年10月停战，1921年3月签订确定两国边界的《里加条约》。

苏维埃国家经受了严峻的考验。在极端困难的条件下，英勇的红军经过3年艰苦奋战，终于粉碎了侵略军和白卫军的多次进攻，保卫了苏维埃国家。

1920年11月，红军攻入克里木半岛，歼灭白卫军南俄总司令弗兰克尔所部，国内战争基本结束。

1922年10月25日，最后一批日本军队被逐出符拉迪沃斯托克（即海参崴），远东滨海地区全部解放，最终结束了这场战争。

在列宁指导下，苏俄自1921年3月起实施新经济政策。经过几年努力，在克服种种困难和危机之后，苏维埃国家稳定了局势，加强了工农联盟，工农业生产在1925年年底基本上恢复到第一次世界大战前的水平。

俄罗斯是拥有100多个大小民族的多民族国家。沙皇俄国的对外扩张，建立了一个地跨欧亚两洲的庞大殖民帝国。

19世纪末，它的主体民族俄罗斯族，占全国人口的44.3％；非俄罗斯族人口占55.7％，均处于被奴役的境地。

苏维埃政府在1917年11月15日发布《俄国各族人民权利宣言》，承认各族人民平等和自主权。

国内战争时期，俄罗斯同新建立的乌克兰、白俄罗斯等苏维埃共和国结成军事联盟和经济联盟。

内战结束后，各苏维埃共和国签订了军事经济联盟条约。1922年3月，亚美尼亚、格鲁吉亚和阿塞拜疆三国建立南高加索苏维埃社会主义共和国联盟。

同年12月30日，苏维埃社会主义共和国联盟宣告成立，俄罗斯、乌克兰、白俄罗斯和南高加索联盟成为它的首批加盟共和国。

1924年1月，苏联苏维埃第二次代表大会批准苏联第一部宪法，完成建立苏维埃联盟国家的立法手续。

这部宪法的制定和通过，意味着十月革命胜利以来，苏维埃国家恢复了国民经济，医治了战争创伤，巩固了革命成果，进入稳定发展时期，对世界局势和国际关系发挥着重大影响。

欧洲国家的
革命浪潮

十月革命的胜利，促进了欧洲国家工人运动、无产阶级革命运动以及民族民主革命运动的高涨。1918年至1923年间，欧洲一些国家和地区掀起了革命浪潮，震撼着各国资产阶级的统治。

俄国十月革命后，最早发生革命的是芬兰。它在1917年11月13日爆发同盟大罢工，迅即在受布尔什维克影响的俄国军队帮助下发展为武装起义。

芬兰资产阶级组成政府，于12月6日经由议会宣布独立。苏俄在12月18日承认芬兰独立。

1918年1月，芬兰资产阶级政府企图解除工人赤卫队武装。工人赤卫队在原驻芬俄军士兵支持下，于1月28日推翻资产阶级政府，解散议会，成立革命政权人民委员会，宣告芬兰社会主义工人共和国诞生。

资产阶级政府部分成员逃亡西北部另立政府，与德国秘密签订军事协定，制订联合作战计划。4月3日，德国侵略军2.5万人在汉科登陆，10日攻占首都赫尔辛基。5月15日，芬兰革命被扼杀。

波罗的海东岸三国在十月革命影响下，先后建立苏维埃政权。拉脱维亚在1917年12月中旬举行工兵农苏维埃代表会议，建立苏维埃政府。次年12月17日，宣告成立拉脱维亚苏维埃社会主义共和国。

同年11月29日，在纳尔瓦成立爱沙尼亚劳动公社，即爱沙尼亚苏维埃社会主义共和国；12月16日，成立立陶宛苏维埃社会主义共和国。

苏俄在当年12月25日承认三国独立。1919年，三国苏维埃政权相继被倾覆，分别建立资产阶级国家。

哈普斯堡帝国1918年11月灭亡后分裂成4个新的国家：奥地利、匈牙利、捷克斯洛伐克和斯洛文尼亚-塞尔维亚-克罗地亚王国。它们的边界是按种族关系划定的。虽经哈普斯堡帝国数世纪的统治，这种关系仍然保留着。

哈普斯堡王朝起源于10世纪，历尽沧桑。玛丽亚·特雷西亚女王于1740年至1780年在位，虽以铁腕统治国家，还是丧失了西里西亚，并因此与欧洲大多数国家屡屡征战，企图收复失地。

十月革命雕塑

1867年，哈普斯堡国土分成以维也纳为首都的奥地利帝国和以布达佩斯为首都的匈牙利王国。日耳曼人在奥地利占大多数，马扎尔人在匈牙利占大多数。

豪华的哈普斯堡生活与农民的贫苦生活形成鲜明对比。1914年，加弗里洛·普林西普暗杀弗兰茨·斐迪南大公时，塞尔维亚把这一行动看成是对冷漠的统治阶级的打击。最后一个哈普斯堡皇帝查理一世，战争期间把奥匈帝国变成了事实上的军事联邦。

再加上极度通货膨胀和世代相传的种族不满，完全可能引起一场流血变革。然而各民族主义团体多年来经常在国外会晤，以求用和平方式解决问题。

1918年11月初，社会党和泛日耳曼党请愿要求查理一世放弃王位。11月11日，查理退位，两天后又退出匈牙利王位。于是各民族立即开始建立政府。

奥匈帝国军队在意大利战场全线溃败，激发了奥匈所属各国的民族民主革命运动。

1918年10月28日，布达佩斯由群众示威游行发展为武装起义。31日，组成以卡罗利伯爵为首的资产阶级联合政府。11月16日，成立匈牙利共和国。

卡罗利政府无力缓解经济、政治和社会危机，却铤而走险，镇压匈牙利共产党，于1919年2月20日逮捕了以库恩·贝拉为首的匈共中央委员57人和匈共积极分子150余人。

无产阶级和劳动大众强烈反对这种倒行逆施的反革命镇压，多次发动罢工、示威以至发生流血冲突。转入地下的匈共中央决定，准备发动武装起义。

1919年3月19日，协约国驻匈军事代表以划定新的军事分界段为由，发出最后通牒，限令匈方于21日晚答复，并从23日开始撤军。

为此，匈牙利将丧失1000多万居民，约2万平方千米土地。卡罗利政府束手无策。社会民主党与匈共代表在狱中谈判，于3月21日达成协议，决定两党合并，暂名为"匈牙利社会主义党"，立即夺取政权。

拥有2万名卫戍部队和3.4万名其他武装人员的布达佩斯士兵苏维埃通过决议，主张实行无产阶级专政。当天卡罗利政府被迫辞职，革命政府宣告匈牙利苏维埃共和国诞生。匈共领导人库恩·贝拉在革命政府中担任外交人民委员，实际上起着主导作用。

参加"巴黎和会"的协约国列强知道这一消息后，立即在3月26日召开紧急会议，策划扼杀在欧洲心脏地区出现的苏维埃政权。

自4月16日起，罗马尼亚、捷克斯洛伐克和法国的侵略军先后从东、南、北等方向对匈牙利发动大规模进攻，总兵力超过20万人。

匈牙利红军坚决予以反击，5月下旬在北线转入进攻，突破罗、捷联军的防线，至6月中旬解放斯洛伐克地区。6月16日，宣告成立斯洛伐克苏维埃社会主义共和国，加入匈牙利社会主义联邦共和国。

匈牙利红军撤离该地区后，斯洛伐克苏维埃共和国被捷克斯洛伐克资产阶级政府所扑灭，共存在21天。

由于轻信协约国关于罗马尼亚撤军和实行南线停火的许诺，匈牙利红军自6月30日从北方单方面撤军；加上新任总参谋长将作战计划泄露给协约国而在作战中陷入困境。原社会民主党的右派领导人，自7月下旬与协约国进行秘密谈判。

8月1日，匈牙利苏维埃政府被迫辞职。匈牙利苏维埃共和国坚持奋斗133天终被颠覆。

　　1918年秋，德国败局已定。德国海军司令部于10月28日命令远洋舰队出海作战，不获胜利就"光荣沉没"。基尔水兵拒绝执行，并于11月3日自发举行起义，揭开德国"十一月革命"的序幕。革命火焰迅即蔓延全德国。

　　11月6日，汉堡政权落入工兵苏维埃之手。巴伐利亚、萨克森等邦君主相继被赶下台，巴伐利亚宣布建立民主社会共和国。

　　柏林工人于11月9日举行武装起义。政府调来镇压的军队倒戈起义工人，起义仅发生小的冲突。

　　但政治斗争从一开始就异常激烈。帝国首相巴登亲王宣告帝国皇帝兼普鲁士国王逊位，将宰相职务移交给社会民主党右派领袖艾伯特。艾伯特发布"首相"文告，要公民们"离开街道，保持镇静，维护秩序"。

　　另一社会民主党右派领袖谢德曼不顾艾伯特中止革命的意图，抢先于下午14时向游行群众高呼"德意志共和国万岁"。16时，斯巴达克派领袖李卜克内西在皇宫阳台宣布德国为"自由的社会主义共和国"。

　　11月10日，社会民主党与独立社会民主党联合组织第一届临时革命政府，取名人民委员会。它的施政纲领标榜"社会主义"，但不超出资产阶级民主的范围。李卜克内西拒绝参加政府。相反，兴登堡及军队当天就向它表示效忠。艾伯特与军方在11日达成秘密协议，结束"无政府状态"，镇压布尔什维克主义。

　　为适应革命形势的需要，原为独立社会民主党成员的斯巴达克派，在11月11日组成斯巴达克同盟。

　　12月30日，举行德国共产党成立大会，推举李卜克内西和卢森堡为党的主席。社会民主党右派领导人凭借其掌握的人民委员会和工会组织，操纵局势，逐步控制了柏林和全德工兵苏维埃。他们精心策划，在12月间两次挑起与左派的流血冲突。

　　1919年1月5日，无产阶级革命派开始了柏林的"一月战斗"。6日，举行总罢工和武装起义，公告推翻艾伯特政府，但起义没有获得广泛的响应。

　　政府在10日进行武力镇压，屠杀起义者。13日起义失败。15日李卜克内

西和卢森堡被杀害。

同年春季，德国各地出现"第二次革命"浪潮。鲁尔矿工35万人总罢工，持续近4周；萨克森工人在3月2日宣布进行"第二次革命"，掌握政府的权力；不伦瑞克等地成立工农苏维埃共和国。

柏林在3月3日发动"三月起义"，一连四五天都处于严重动乱和巷战之中。政府于9日出兵镇压，至16日起义再次被淹没在血泊之中。

在巴伐利亚，4月13日晚间成立以共产党人为首的巴伐利亚工兵苏维埃共和国。柏林政府出动军队会合当地军队与巴伐利亚红军展开激战。

5月1日，政府军开进慕尼黑，5日市内战斗结束。巴伐利亚工农苏维埃共和国被扼杀，标志着1918年至1919年德国革命的终结。

"十一月革命"推翻了君主专制，建立了议会制共和国，作为一次资产阶级民主革命取得了基本胜利。作为无产阶级为实现社会主义革命而进行的奋斗，由于无产阶级队伍的严重分裂，以社会民主党派右派领导人为代表的多数对资产阶级实行妥协，因而遭到了失败。

战后初期的德国革命运动，在1923年还有一阵余波。鲁尔危机期间，国内各种矛盾再度激化，引起人民强烈不满，又一次出现革命形势。在共产党人带动下，德国许多城市建立"无产阶级百人团"的武装组织。

五一节柏林70万人大游行，鲁尔40万人参加"五月大罢工"。古诺政府在占领军同意下将大批国防军和警察部队开入鲁尔，进行血腥镇压。

德国各地纷纷举行抗议活动，8月11日有300万职工参加全国总罢工，迫使古诺政府在12日下台。

10月10日和16日，左翼社会民主党人领导的萨克森邦和图林根邦政府接受共产党人入阁，组成两个邦的工人政府。尽管他们一再表明忠于魏玛宪法，艾伯特仍然宣布全国处于"非常状态"，授权国防军采取军事行动。

10月30日，萨克森邦工人政府被强行解散。几天后图林根邦工人政府也告夭折。

10月23日，汉堡工人在以台尔曼为首的德共汉堡党组织领导下，举行武

装起义。在起义中心据点巴尔姆克区，300名起义战斗队员英勇苦战两天才做转移。汉堡工人起义战斗了3天，终因孤立无援而失败。

在意大利，无产阶级在1919-1920年共举行多次罢工。罢工运动由经济斗争转向政治斗争。以葛兰西为首的意大利社会党左派在1920年春提出，夺取政权先从工厂开始，以建立工厂委员会作为社会主义的政权形式和推动无产阶级争取革命胜利的动力。

5月，米兰冶金工厂厂主联合其他工厂主实行同盟歇业，破坏工人罢工。冶金工会组织工人占领工厂。至8月底，米兰冶金工厂全部控制在工人手中。

9月，意大利全国工人参加占领各自所在工厂的运动，他们组织护厂赤卫队，推选工厂委员会领导生产。因原料供应不上，生产被迫停止，运动招致挫败。

在工人运动影响下，农民也从自发的抗租抗税斗争发展为以退伍军人为主体的占地运动。至1920年4月，意大利有上百万农民和退伍军人参加占地斗争。

随着工农运动的迅猛高涨，意大利北部和中部一些地区出现建立苏维埃政权的呼声。都灵和佛罗伦萨已有"共产主义城市"之称。

经1920年地方选举，在全国省市镇控制了多数席位。但社会党内存在极大分歧，主要领导人深受第二国际改良主义影响，1919年至1920年意大利工人运动未能发展为社会主义革命。

战后初期，英法等国无产阶级也掀起强大的罢工运动。他们要求改善自身处境，反对武装干涉苏俄。此外，1923年9月23日，在季米特洛夫等人领导下，保加利亚西北部举行反对詹科夫军事独裁政权的武装起义。9月30日，起义失败。

尽管在1917年俄国十月革命以后的所有无产阶级革命都遭到了失败，但这一连串的群众斗争、武装起义和革命斗争，汇合成为冲击资本主义制度的革命洪流，震撼了资产阶级统治，锻炼了革命人民，激化了社会矛盾，进一步加深了帝国主义的全面危机。

蔓延全球的
经济危机

1929年10月24日，美国纽约华尔街股票市场突然崩溃，引发了资本主义世界严重的经济危机。这场危机来势凶猛，由美国开始，迅速向整个资本主义世界蔓延，造成了灾难性的社会政治后果。

经济危机引起工厂停工、商店倒闭、银行破产、失业激增，整个工、农、商业陷于瘫痪。德国和美国受危机的打击最为严重。

与此同时，农产品销售额大幅度下降，德国几乎下降一半，美国下降一半有余。

在财政金融方面，银行信贷系统崩溃。随即引发了德国一家大银行，即达姆施塔特国家银行破产，德国全部银行交易所被迫关闭。在国际贸易方面，整个世界国际贸易额下降。

危机期间，整个资本主义世界经济倒退了25年。其中，美国倒退了27年，德国倒退了36年。

在经济危机打击之下，资本主义国家的民众生活水平明显下降，失业成了广为流行的瘟疫。德国和美国的失业现象最为严重，即使就业，大约也有一半人打短工。

经济危机，激化了社会矛盾。工人罢工此起彼伏，中小资产阶级掀起阵阵抗议声浪，整个资本主义世界处在风雨飘摇之中。

这次经济危机是一种普遍的国际现象，它对整个资本主义世界的影响是巨大的，尤其是在封建主义和军国主义影响较大的德国和日本所造成的后果更为严重。

危机期间，德国工业生产直线下降。城市中小商业者、企业主和手工业者的经济地位动荡不定。许多工厂倒闭，中小企业破产。

德国的官员、职员和知识分子的收入及退休金也大大减少。德国政府还不断削减社会保险费和补助金。

在经济危机中，德国农民的生活状况大大恶化。

1932年至1933年间，农业收入降至1913年以来最低数额。农业危机首先表现为农产品销售困难，农业债务激增。

在农业危机的冲击下，小农户都受到影响，就连有田250公顷以上的大地主也均负债。在债务重压之下，农民被迫出卖地产，其贫困程度相当严重。

面对严重的经济危机，德国中小资产阶级在苦闷、彷徨中寻找出路，提出：

经济危机导致银行倒闭，经济萧条。图为英国百万矿工举行大罢工

我们需要一种新时代的信仰！

我们要改造社会、强烈地渴望一种进行改良、改善自己政治、经济处境的小资产阶级社会主义。

城市手工业者、小商人、小企业主强烈地希望，在大垄断资本面前得到国家的保护，限制大工厂、大企业的势力，以求生存，进而改善自己的经济和社会地位。中小农户希望政府推行保护关税政策，降低地租，调整农产品价格。官员、职员和大学生希望保证就业，保持社会地位的稳定性。总之，自1930年起，中小资产阶级强烈地要求改变现状，希望建立一个有利于自身利益的新的国家。

日本经济危机爆发较晚。直至1930年春天，日本才遭到世界经济危机的猛烈冲击。

日本对外贸易剧减，给严重依赖国外市场的日本经济打击极大。国内物价、股票行情下跌，刮起阵阵解雇工人和企业倒闭之风。

1929年至1931年，日本农户负债总额相当于农产品总值的两三倍。沉重的债务，压得农民喘不过气来。此外，大批失业工人流向农村，加重了农村的压力。

日本是一个中小资产阶级广泛存在的国家，经济危机使中小资产阶级的处境恶化。在一般城市居民中，掀起要求降低房租、电费和煤气费的运动，中小商人纷纷反对大百货商店的排挤。

中小资产阶级成员，既对现状不满，特别是对财阀怀有强烈的愤恨，要求"革新"和"改造"社会，又具有保守和反动倾向，易于接受民族侵略扩张和专制思想的宣传。

日本虽然在20世纪20年代经历了政党政治的鼎盛时期，但是此时政党政治不能解决日本的内外危机。

同时，各政党从本党利益出发，争权夺位，互相攻击，为政党政治自掘

坟墓。同时，选举中的收买、舞弊现象越演越烈，重大贪污案接连不断。政党政治在民众中威信扫地。

不难看出，经济危机大大激化了日本的社会矛盾，从而为法西斯主义在日本的进一步发展创造了条件。

总之，在1929年至1933年世界经济危机时期，资本主义国家中的中小资产者受到了沉重打击，对其社会、经济地位的下降惶恐不安，对于社会现状十分不满，强烈要求改造社会，幻想出现维护本阶层利益的强权人物和权威国家，形成了对资本主义议会民主制的猛烈冲击。

法西斯运动正是在这一背景下兴起的，但是，在具有议会民主制传统的美国、法国和英国等国家，尽管法西斯组织活动频繁，但统治阶级通过调整现存的议会民主制，阻止了法西斯运动的发展。

而在封建主义和军国主义影响较大和议会民主制传统薄弱的德国和日本，法西斯势力却发展成为强大的法西斯运动，为法西斯党派的合法上台奠定了重要基础。

共产国际的
蓬勃兴起

  第一次世界大战爆发后，第二国际的各国社会民主党领袖公然在国会中投票赞成战争拨款，支持帝国主义战争。第二国际随着一战的进程也已瓦解。为了迎接世界革命的到来，国际工人迫切需要建立新的国际革命组织。

  列宁为创建国际革命组织做了大量的工作。

  1917年4月，列宁就已提议成立一个新的国际组织，以取代堕入社会沙文主义的第二国际。

  1918年，芬兰、奥地利、匈牙利、波兰、德国都成立了共产党。

  此时，帝国主义列强正在巴黎和会上筹建国际联盟，共同镇压苏维埃国家和国际共产主义运动。各国社会民主党的机会主义者也在积极筹划复活第二国际。

  为了与帝国主义的国际联合相对抗，削弱死灰复燃的第二国际机会主义的影响，各国共产党人将建立新的国际组织提上日程。

  1919年1月，由俄国共产党(布)发起，召开筹建共产国际的国际会议，并以与会共产党和左派组织代表的名义向世界各国共产党和左派组织发出参加共产国际成立大会的邀请。

  当时，到苏俄参加会议的代表历经艰险。奥地利共产党接到列宁的邀请后，奥共中央决定派党的主席格鲁贝尔去参加会议。

  1919年2月10日，格鲁贝尔从维也纳动身了。当时，从维也纳去莫斯科障碍重重，意外的事故层出不穷。一路上，格鲁贝尔在车厢踏级、车顶、车厢连接处坐卧休息，有时甚至坐上运送牲口的车皮，最后，连运送牲口的车

皮也没有了，只得步行。

这时，俄国国内战争尚未停息。进入俄国国境以后，还要穿过两道白卫军封锁线，才能到达莫斯科。

一次，格鲁贝尔经过白卫军盘踞的村庄，被白匪发现了。他拼命逃跑，一群白卫军紧追不放。格鲁贝尔跑上一座山坡，脱下棉大衣包住头顺着坡滚进一条沟里，才摆脱了白卫军的追赶。他浑身都受了伤，衣服也划破了。

于是，他乔装成一个被红军俘虏后释放回来的穿着破衣烂衫的士兵，把列宁的邀请书和奥共签发的代表证缝在军装里，冒着零下20多度的严寒，继续向莫斯科前进。

走着走着，突然有一群人从背后赶来，把他包围了。他被押到一个军队司令部。

"这下可完了!"格鲁贝尔心想，一定是给白卫军抓住了。

在一个昏暗的房间里，一个长官开始审问他，并搜查他的军装。格鲁贝尔紧张得心"怦怦"直跳。正在这时，格鲁贝尔蓦地在煤油灯的昏黄的光线下，瞅见这个长官的军帽上面缀有一颗小小的红星!

"你们是……"格鲁贝尔惊异地问道。

"我们是红军……"长官回答。

"那太好了!我是到莫斯科去参加列宁召开的国际会议的。"

格鲁贝尔说着，撕开军服，掏出了列宁的邀请书和代表证。代表证是一块碟子般大小的布。在场的人都非常惊讶，立即向格鲁贝尔表示歉意。

第二天早晨，审问他的那个长官——红军师长亲自把他送到火车站，安排在头等车厢，还给了他一口袋食物，并请他向列宁致以最亲切的问候。

就这样，经过20多天的长途跋涉，格鲁贝尔终于在3月初到达了莫斯科。走在莫斯科大街上，格鲁贝尔心情特别激动。他参加的这次会议，是一次具有重大历史意义的会议。

格鲁贝尔来到克里姆林宫。接待的同志告诉他，昨天会议已经正式开幕，列宁致了开幕词，现在各国代表们正在进行大会发言。格鲁贝尔走进会

议厅，引起了全场的瞩目。前几天大家得到传闻，说奥地利共产党代表已经在旅途中牺牲了。他的突然出现使代表们又惊又喜。

格鲁贝尔走上主席台，列宁站起来，满面笑容，向他伸出双手，亲吻了他。

"格鲁贝尔同志，我们马上请您发言。"列宁说。

"我这副样子怎能在听众面前讲话？"

"正是这样子才好。"

列宁向代表们宣布，曾经被大家以为牺牲了的奥地利代表刚刚抵达，现在请他发言。

格鲁贝尔报告了奥地利工人运动情况，报告了奥地利共产党员怎样同投靠本国资产阶级的社会民主党进行激烈斗争的情形。他的报告受到了代表们的热烈欢迎。

列宁在演讲

"好极了，格鲁贝尔同志！"列宁紧紧握住他的手。

晚上，列宁向他介绍了前几次会议的情况。在前几次会议上，苏俄代表团提议立即成立共产国际，列宁也支持这个提议。但有个别代表认为，不必急于成立共产国际。

列宁征询格鲁贝尔的意见。

格鲁贝尔说，奥共在接到邀请后，即确

认这次代表大会就是共产国际的成立大会，因此，他完全拥护苏俄代表的提议。

在3月4日的大会上，格鲁贝尔又作了发言，详细阐述了必须立即成立共产国际的理由。会场上掌声雷动，表示赞成这项提案，然后进行投票表决。表决结果，提案一致通过，全场欢腾。全体代表高唱《国际歌》。

就在这天会议上，列宁喜气洋洋走上讲台，作了《关于无产阶级民主和无产阶级专政》的报告。

列宁回顾了无产阶级战斗的革命历程，挥着有力的手臂说："资产阶级社会民主党人的螳臂是挡不住滚滚向前的革命洪流的。现在，无产阶级必须找出实行自己统治的实际形式。这种形式就是无产阶级专政的苏维埃制度。"

他还说："尽管资产阶级还在横行霸道，还在杀害成千上万的工人，但胜利是属于我们的，世界共产主义革命的胜利指日可待！"

列宁讲话时，两眼炯炯有神，显得异常兴奋。自1918年他被反革命分子刺伤以后，身体尚未恢复，同志们让他坐着说话，但他还是站起身来，挥动着手臂，声音洪亮有力，响彻大厅。

这天晚上，格鲁贝尔和另外几名代表参加了大会《宣言》的定稿工作。列宁也来和大家一起推敲《宣言》的文字。从晚上22时一直工作到早上6时，列宁忘记了疲劳，大家把《宣言》逐段逐句念给他听，他和大家屡屡争论这句那句的措辞，最后，他才乐呵呵地微笑着和大家告别。

3月6日，大会通过了《共产国际宣言》。

《宣言》号召各国工人阶级为实现无产阶级专政、为夺取政权而进行坚决斗争。接着，又选举了共产国际的执行委员会主席团，完成了全部议程。列宁宣布大会闭幕。

共产国际成立以后，为了在群众中明确地与第二国际划清界限，又称"第三国际"。

来自21个国家35个政党和左派组织的52名代表出席会议。中国、朝鲜等东方国家的工人组织派代表列席会议。

会议通过《共产国际宣言》《共产国际行动纲领》《共产国际章程》(草案)等文件。章程规定，共产国际是按照民主集中制原则建立起来的各国共产党的联合组织，是统一的世界共产党，各国共产党都是它的支部，受它领导。

共产国际是第一国际和第二国际的无产阶级国际革命事业的直接继承者。它的建立使各国无产阶级有了一个团结的中心，进一步推动了各国新型无产阶级革命政党的建立，促进了各国革命事业的发展。

至1922年，在欧洲，连同俄共(布)在内，已先后建立28个共产党；在亚洲，有7个国家，南北美洲有7个国家，大洋洲和非洲各有2个国家，建立了共产党。共产主义运动遍及全世界。

在共产国际的指引下，全世界无产阶级革命斗争风起云涌。

在共产国际的指引下，各国的革命者纷纷组织起来，建立了共产党的组织。美国共产党成立于1919年，西班牙、法国、英国的共产党成立于1920年；意大利和中国的共产党成立于1921年……

共产国际成立后，国际工人运动有了重大发展，又有一些国家建立共产党。

1920年7月19日至8月7日，共产国际第二次代表大会在彼得格勒（后转到莫斯科）举行。出席这次大会的有来自41个国家的218名代表。

大会的任务是在各国共产主义力量迅速发展的形势下，研究如何帮助一些年轻的共产党组织内部克服"左"倾宗派主义倾向；确定国际共产主义运动的组织原则、行动纲领和战略策略。

列宁在大会上作了《关于国际形势和共产国际基本任务的报告》。列宁着重阐明了反对机会主义的必要性和艰巨性。列宁认为，工人运动要不是由机会主义分子来领导，资产阶级就无法统治下去。因此，在各国党内进行反对右倾机会主义的斗争，正是共产国际的首要任务。

第二次代表大会通过了列宁亲自制订的加入共产国际的"二十一项条件"。

其中规定：

> 凡是要求参加共产国际的党，都必须系统地宣传共产国际的纲领和无产阶级专政的学说；与改良主义的"中派"分子决裂，并把他清洗出自己的队伍；支持殖民地半殖民地人民的解放斗争；必须按照民主集中制的原则建党；必须执行共产国际的纲领和决议。

大会还通过了列宁拟定的《土地问题提纲》和《民族和殖民地问题提纲》的决议。这两个决议从无产阶级革命的同盟军的观点来考察农民问题和殖民地问题，强调无产阶级必须对农民的革命斗争和被压迫民族的解放斗争进行领导。

1920年9月，共产国际在苏俄巴库召开了东方民族代表大会，印度、伊朗、土耳其等30多个国家的代表出席了大会。

列宁在阅读《真理报》

大会决定设立"东方民族行动和宣传委员会"，出版《东方民族》杂志。共产国际为东方民族提出了"全世界无产者和被压迫民族联合起来！"的口号。

随着世界革命形势的发展和共产国际影响的增长，1921年6月22日至7月2日，共产国际在莫斯科举行了第三次代表大会，参加会议的有52个国家的103个组织的代表共605名。大会提出了各国共产党应以争取群众的大多数为主要任务。

列宁在大会上提出：

为了赢得胜利，必须取得群众的同情和支持。我们不仅应当把工人阶级的大多数争取到我们这边来，而且应当把农村居民中被剥削的劳动群众的大多数争取到我们这边来。因为，不如此就不能推翻资产阶级政权和实现无产阶级专政。

大会发出了"到群众中去"的号召，以争取群众的大多数和消除社会民主党的影响。

1921年12月，共产国际执行委员会会议通过了关于建立统一战线的提纲，把争取群众大多数的思想，从政治上到组织上加以具体化。

1922年11月5日至12月5日，在莫斯科召开了共产国际第四次代表大会。出席大会的有来自58个国家的66个组织的408名代表。会上，列宁作了《俄国革命五周年和世界革命的前途》的讲演。

列宁总结了苏俄在新经济政策基础上的社会主义建设，号召各国共产党人必须深入学习苏俄和世界革命运动的经验。

大会批准了共产国际策略提纲，指出共产党人必须组织工人成立统一战线，提出了建立工人政府或工农政府的思想；共产党人必须竭尽全力防止工会分裂，争取工会的统一和工会的革命化；在民族殖民地问题上，大会提出了建立反帝统一战线的口号。

共产国际第四次代表大会关于统一战线策略的决议具有十分重要的意义，它推动着世界无产阶级革命事业向深广发展。

在欧洲各国革命被镇压、工人运动处于低潮的情况下，共产国际和各国共产党的处境非常困难。他们不仅遭到资产阶级和右翼社会党人从外部的围攻，而且还遇到党内各种机会主义集团的破坏活动。

特别是1924年1月21日国际无产阶级伟大领袖列宁逝世后，更增加了共产国际和各国共产党的困难。在上述情况下，共产国际决定召开第五次代表大会。

1924年4月18日，共产国际发出了关于召开第五次代表大会的通报。通报提出，第五次代表大会必须就过去几年运用统一战线策略的情况作出总结，并本着真正列宁主义精神来解决它面对的一切问题。

代表大会于1924年6月17日至7月8日在莫斯科举行。出席这次大会的代表有510名，代表49个国家的60个组织。大会总结了前一阶段斗争的经验，讨论和决定了在资本主义相对稳定时期的策略方针和加强各国共产党的建设等问题。

代表大会完全肯定了第四次代表大会后执行委员会所进行的活动，并对1923年欧洲革命失败的教训作了总结。

这次革命失败的教训是很深刻的。

在革命过程中，共产国际向各国无产阶级指出了为无产阶级专政而斗争的正确道路。如德国革命，早在1923年春，共产国际就指出，由于法国、比利时占领鲁尔区而带来的危机，欧洲各国无产阶级特别是德国共产党要加强革命准备工作。

至8月，在群众革命运动高涨的情况下，共产国际要求德国共产党立即确定直接夺取政权的方针，并动员其他国家支部大力支援德国革命。但是，由于社会民主党首领的背叛和共产党内右倾机会主义集团的投降行动，招致了这次革命的失败。

从当时各国革命斗争主观指导方面来看，这次革命之所以失败，更主要

的是因为欧洲各国还缺少一个无产阶级革命政党。

在革命高涨年代所建立的各国共产党都还年轻，缺乏斗争经验，马克思列宁主义理论修养不够，对列宁主义的战略、策略原则的理解不够，尤其还不善于把马克思列宁主义的普遍原理同各国的具体情况结合，组织上也很软弱。这就造成在斗争的关键时刻不能强有力地反击资产阶级的进攻。

代表大会对实现工人队伍统一问题给予了极大的注意。要取得工人队伍的统一，必须有正确的统一战线的政策，只有这样才能把广大工人群众争取到自己的方面来，为新的革命高潮的到来积蓄革命力量。

代表大会指出，欧洲各国支部中的右倾机会主义倾向，是统一工人阶级

◐ 列宁雕塑

队伍的严重障碍。

共产国际关于统一战线的策略过去和现在一直是革命的手段，而不是和平进化的手段。它是四面受敌人包围的共产主义先锋队的革命的灵活战略。

它的主要目的在于反对社会民主党的右翼领袖，把社会民主党工人和大多数非党工人吸引到共产党这方面来，吸引他们参加斗争，从而准备对资产阶级采取进攻。

共产党人的议会活动是为了揭穿社会民主党右翼的欺骗行为，并对广大劳动群众说明资产阶级成立的所谓工人政府的伪装性质，它是革命无产阶级进行夺取政权的斗争和当时资产阶级不可避免的动摇不定的派生物。它实际上是自由派资产阶级政府。

"工农政府"的口号是用革命的语言，用人民群众的语言，来表达"无产阶级专政"的实质。

俄国革命经验中所产生的"工农政府"的公式，是动员和鼓舞群众用革命手段推翻资产阶级和建立苏维埃制度的一种方法。它是为劳动人民中的广大阶层所易于接受的一个好公式。

特别当社会民主党的领袖们越来越多地被邀请参加资产阶级政府，而社会民主党所掌握的广大工人阶层生活越来越坏的时候，对执行这一策略更加有利。

共产党人在执行这一策略时，要善于吸引社会民主党的大多数普通工人群众和共产党人一起，首先参加经济斗争，然后参加政治斗争，以消除社会民主党右翼领袖们的影响，从而使劳动人民中的主要阶层转到共产主义方面来。

但共产国际欧洲各国支部中的右倾机会主义分子不是这样，他们把工人政府说成是一种"资产阶级民主制范围内"的政府，是和社会民主党的一种政治联盟。在统一战线问题上，这种右倾机会主义的表现，德国最为典型。

回顾1923年德国无产阶级战斗的历史，就可以清楚地看出这一问题。

共产国际第五次代表大会于1927年5月18日至30日举行。会议记录始终

没有发表。到会的代表共71名，其中33名有表决权。会议议程只有中国问题和战争危险问题两项。

执行委员会这次不像往常那样在一个大厅里开会，而是在旁听者无法容身的一间小小的委员会办公室里举行的。有关文件直至会议开幕前夕才散发，而且在会议结束时必须交还。只有斯大林关于中国问题的演说和布哈林向莫斯科党组织作的报告事后发表了。

1928年8月17日至9月1日共产国际第六次代表大会在莫斯科举行。参加大会的代表有532名，来自57个国家65个组织。大会最重要的议程有两个：一是讨论当前的国际形势；二是讨论共产国际纲领。

布哈林在大会开幕式上作了题为《关于国际形势的报告》，指出从第一次世界大战结束以来，世界局势经历了3个时期。

第一个时期是资本主义制度危机，无产阶级直接进行革命的时期；第二个时期是资本主义制度逐渐稳定时期，资本主义经济"复兴"，资本主义攻势的发展和扩张，无产阶级则继续处于守势，这个时期苏联在建设社会主义道路上取得了重要的成就；进入第三个时期，资本主义经济和苏联经济都已超过了战前水平，帝国主义国家生产力发展和市场缩小之间的对抗急剧增长，必然导致帝国主义之间的战争。

大会通过的《共产国际纲领》阐述了资本主义的发展规律，指出在各种增长着的矛盾的压力之下，帝国主义面临着不可避免的革命与灭亡，共产国际的最终目的是共产主义世界代替资本主义世界，阐述了苏联新型社会制度的形成；规定了无产阶级的战略和策略。

大会还听取了库西宁关于殖民地半殖民地国家革命运动的报告、曼努伊尔斯基关于联共（布）情况的报告。大会还通过了《国际形势和共产国际的任务》《制止帝国主义战争危机的措施》《殖民地和半殖民地国家的革命运动》《开展国际反战运动》等决议。

大会选举布哈林负责主持共产国际的决策机构——政治书记处的全部工作。李立三、蔡和森等代表中国共产党出席了代表大会。

从1919年起，共产国际总共召开了7次代表大会。第七次代表大会是在1935年召开的。

会议对各国法西斯准备挑起新的世界大战阴谋作了全面的揭露，号召全世界人民团结起来反对战争。大会提出的口号是"法西斯主义就是战争"，为世界人民指明了共同的敌人。

共产国际成立之初，曾经期望在很短时间内掀起欧洲各国革命高潮，并在赢得胜利的基础上建立世界苏维埃共和国。

后来的实践证明，当时对于国际革命形势的估计是不切合实际的，在它的活动中，过分地强调了国际的集中领导。但它的建立和指导，尤其是在初期，的确开创了国际共产主义运动空前活跃的局面。

各国共产党以马克思列宁主义作为自己的指导思想，拥护和信奉列宁关于无产阶级革命和无产阶级专政的学说；在政治上与第二国际修正主义和改良主义决裂；在组织上坚持民主集中制原则，强调统一行动和严格纪律，因而具有坚强的革命性和战斗力。

它的存在、发展及影响的扩大，直接间接地构成了对各国资产阶级统治的严重威胁。它的革命实践，加剧了帝国主义全面危机。

共产国际在中、后期活动中，对各国无产阶级革命事业和党的建设作出过不少错误的指导和决定。但它正确作出了建立反法西斯统一战线的决策。

1943年，由于战争环境，以及各国共产党的逐步成熟，国际共产主义运动没有必要也不可能由单一的"中心"来领导。于是，共产国际执委会于5月15日作出决议，宣布共产国际正式解散。各国人民的革命斗争，由各国共产党根据各国的情况来领导。从此，国际共产主义运动进入了一个新的发展阶段。

帝国危机

第二次世界大战的背景

民族解放运动的兴起

　　第一次世界大战结束后，帝国主义战胜国重新瓜分殖民地的大战，进一步激化了殖民地和半殖民地国家同帝国主义之间的矛盾：朝鲜爆发了全民性的反日爱国运动；中国的五四运动举起了反帝反封建的大旗；印度非暴力不合作解放运动，广泛动员各阶级人民反对英国的殖民统治；土耳其新生的资产阶级开始领导民族民主革命运动……

朝鲜爆发
反日示威游行

1910年8月，日本吞并朝鲜。

第一次世界大战期间，日本对朝鲜变本加厉地实行民族压迫和经济掠夺。朝鲜各阶层人民不断开展各种形式的反日爱国斗争。

1919年1月22日，传出被日本废黜和长期幽禁的朝鲜国王李熙被毒死在德寿宫的消息，激怒了朝鲜各阶层群众，成为爆发反日爱国运动的导火线。

李熙，原名载晃，字明夫，即位后改名李熙。李熙是兴宣大院君李昰应之子。1864年以王室旁支身份即位，成为新任朝鲜国王。

由于在许多朝鲜人眼中，被日本人废黜和长期幽禁的前朝鲜国王李熙是朝鲜复国的精神支柱，因此，李熙也成为了日本人的一块"心病"，必欲除之而后快。

李熙于1897年即大韩帝国皇帝，年号光武。其实，日本人只不过做个样子给世人看罢了，他们的目的是让李熙充当日本的傀儡。

不过，李熙这个大韩帝国皇帝胸怀大志。他见日本实际已做上了太上皇，心里很不自在，便暗地里联络欧美势力，企图摆脱儿皇帝的处境。

1905年，日本与俄国又交起火来，李熙乘机活动，争取朝鲜的独立。

结果，俄国吃了败仗，寻求独立的李熙碰了壁，没办法，只好逃到俄国大使馆里寻求政治避难，结果还是被日本人抓了回来。

李熙气得吐血，被监视在深宫里，不准外出，整天唉声叹气。

时隔不久，在荷兰的海牙召开了第二届万国和平会议。

李熙得知这一消息后转忧为喜，暗派一个密使前往海牙，在万国和平会

议上呼吁国际舆论帮助朝鲜废除日本的"监护"，恢复朝鲜的独立。

日本驻朝鲜总督长谷川得知密使是李熙派出的，恼羞成怒，领兵冲进宫来，一把将李熙推下皇帝宝座，下令废掉李熙的皇位，另扶一个叫李坧的太子来做儿皇帝。

被废的李熙被关在德寿宫。从那时起，李熙在德寿宫整整被幽禁了12年。李熙在德寿宫里的生活也还不错，身边照样有宫女侍候。

李熙每天吃过晚饭稍事休息，就端坐在佛堂之上诵经念佛。诵经之后，宫女会依照惯例奉上一杯中国的红茶给他喝。李熙平日最喜欢喝红茶。

1917年，俄国十月革命赢得了胜利。亚洲各国人民从中看到了民族解放的希望。在十月革命的影响下，埃及发生华夫脱运动；与朝鲜毗邻的中国，爱国运动正在蓬勃兴起。

日本见此局势不禁着了慌，担心朝鲜也为独立而乘机闹事。长谷川想，李熙虽然被关在高墙深宫里，可他在朝鲜人的心目中依然是个活着的神像。再说李熙本人也天天梦想复国，若是时局一变，他肯定又是朝鲜反对日本统治的一面旗帜。

于是，日本决定把李熙这个心腹之患除掉。

1919年1月4日晚，吃过晚饭的李熙又在佛堂上诵经，一个宫女像往常一样向他敬奉一杯红茶。李熙恰巧此刻口干，顺手接过茶饮了一大口。正想夸红茶清香，忽觉肚中绞痛难忍，倒在地上翻滚。宫女大惊失色，冲出门连声叫喊救驾。

可是，未等宫中太医赶到，李熙已七窍流血身亡。过了一会儿，日本监护、医生和宪兵出现在宫中，好像事先就准备好了似的。日本宪兵称李熙是得急病死的，并当即拘捕宫里所有的朝鲜官员、宫女和仆人。

接着，他们对外发丧，宣称李熙因患脑出血突然驾崩。日本驻朝鲜总督府宣布，将在3月3日这天，依照日本礼仪，为李熙举行国葬。

李熙的真实死因，是蓄谋已久的日本政府下了毒手。日本特务利用李熙夜间喜用红茶的习惯，悄悄在茶中投下了剧毒砒霜。长谷川自认为这事做得

机密，绝不会有他人知道隐情。

然而，纸里包不住火，不出几日，日本毒害李熙的消息像长了翅膀一样传遍了朝鲜。

李熙的被害使朝鲜人民的民族感情受到深深的伤害，引发了朝鲜全国范围内的反日斗争。

朝鲜天道教教主孙秉熙拍案而起，联络数十位朝鲜民族代表，起草了《独立宣言书》。

爱国学生举行反日大游行，声援孙秉熙，并与以他为首的代表们结成反

举着屠刀的日本军人

日同盟。举国相约，在3月3日国葬之日，发起反日大示威。

2月8日这天，在日本的朝鲜留学生率先起事，在东京举行几千人大会，发表要求朝鲜独立的宣言。

3月1日，反日斗争提前发动。成千上万的汉城学生涌向市中心的塔洞公园。汉城和其他城市的工人都赶来了，连边远山区的农民也赶着牛车或骑着毛驴蜂拥而来。学生领袖登上公园中心六角亭，面对人山人海，庄严宣读了《独立宣言书》。

集会过后，30万人民群众，高举着朝鲜国旗，挥舞着标语小旗，涌向大

街，盛大的游行示威开始了。

几十万人在长街上振臂高呼：

朝鲜是朝鲜人的朝鲜！

日本强盗滚回去！

朝鲜独立万岁！

游行的队伍像澎湃的潮水一般，奔涌在汉城的大街小巷，拥向停放李熙灵柩的德寿宫前祭奠。

在爱国群众的感召下，一部分朝鲜巡警也加入了游行队伍。

长谷川见时局危急，急忙派大批驻朝鲜的军队、警察、宪兵、特务前去镇压。赤手空拳的人民群众与日本殖民者展开了殊死的搏斗。日本强盗用大刀砍、马鞭抽、绳索套，残忍至极。

一个手举国旗的女学生无所畏惧地迎着日本宪兵的屠刀前进，宪兵砍了她举旗的右手，她不顾伤口的剧痛，用左手举起国旗，又挺身向前走。

汉城"三一"大游行震动了全国。

这一天，在平壤、南浦、安州、宣川、义州、元山、仁川等地也发生了群众示威和暴动。

在开城，3月3日上午，有200多名学校女生，排队高唱赞美诗和独立歌，不多时就聚集了3000多人。到了下午，许多十五六岁的少年也加入队伍，高呼"独立万岁"的口号。

不仅如此，朝鲜各地还兴起了停业、罢市、罢工、罢课和抵制日货的浪潮。许多地方愤怒的群众拿起自制的武器，冲进日本官厅，杀进日本公署的郡守衙门。

一批日本官吏、亲日奸细和地方恶霸被就地处决。

起义活动一开始就引起日本政府的注意。3月1日当天，日本原敬内阁急忙训令长谷川："这次事件需要把它说成是轻微问题，然而实际上要严格处

置，以防再次发生。但要充分注意，外国人最注意此次事件，不要招致苛刻
的批评。"

至4月，日本政府决定采取"断然处置"措施，并增派6个营的兵力和400
名宪兵去朝鲜。长谷川最后发布命令："动用全部兵力尽力镇压！"他还授
权警察任意搜查、逮捕朝鲜爱国群众。

在镇压过程中，日本侵略者露出本性，采取极其残忍的手段虐杀朝鲜人
民。日本军警到处用军刀或铡刀砍掉起义者的头颅，在街上示众；把爱国者
绑在街头十字架上，往四肢钉铁钉，把他们活活折磨致死。

在令人发指的"堤岩里屠杀事件"中，日本军警把村内的基督教徒30余
人押进教堂并封锁出口，接着向教堂开枪扫射。

此时，一名妇女把自己的婴儿举出窗外，央求免孩子一死。但是，日军
却用刺刀刺入婴儿的头颅，使其当即死亡。

接着日军纵火焚烧教堂，将这些平民活活烧死。日本侵略者的滔天罪行
引起国际舆论的关注，但日本殖民当局竭力掩盖称：没有杀死一个人，只有
两个人受了重伤。

但是，英勇的朝鲜人民在一系列的斗争中，显示出了不屈的精神和与日
本血战到底的决心。

朝鲜"三一"运动是一场全民性的反帝爱国运动。它虽然属于自发斗
争，缺乏统一领导，加上力量对比悬殊，遭到失败，但打击了日本在朝鲜的
殖民统治，迫使日本不得不撤换总督，将"武断政治"改为"文化政治"，
在经济上做出某些让步。

经过"三一"运动的洗礼，朝鲜工人阶级开始以一支有组织的力量登上
历史舞台。

1920年，汉城出现第一个群众性的工人组织——劳动共济会。以
"三一"运动为转折点，朝鲜开始进入工人阶级领导民族解放斗争的新时
期。

中国爱国运动
风起云涌

1919年1月，第一次世界大战战胜国在法国巴黎召开所谓的"和平会议"，中国作为第一次世界大战协约国之一参加了会议。

中国代表在和会上提出废除外国在中国的势力范围、撤退外国在中国的军队和取消"二十一条"等正义要求，但巴黎和会不顾中国也是战胜国之一，拒绝了中国代表提出的要求，竟然决定将德国在中国山东的权益转让给日本。

此消息传到中国后，群情激愤，学生、工商业者、教育界和许多爱国团体纷纷通电，斥责日本的无礼行径，并且要求中国政府坚持国家主权。

在这种情况下，和会代表提交了关于山东问题的说帖，要求归还中国在山东的德租界和胶济铁路主权，以及要求废除"二十一条"等不合法条约。但结果，北洋政府屈服于帝国主义的压力，居然准备在《协约国和参战各国对德和约》上签字。

最终，英、美、法、日、意等国不顾中国民众抗议，在4月30日签订了《和约》，即《凡尔赛条约》，仍然将德国在山东的权益转送日本。

在巴黎和会中，中国政府的外交失败，直接引发了中国民众的强烈不满，从而引发了五四运动。在这样强大的压力下，中国代表最终没有出席巴黎和会的签字仪式。

1919年5月1日，北京大学的一些学生获悉和会拒绝中国要求的消息。当天，学生代表就在北大西斋饭厅召开紧急会议，决定1919年5月3日在北大法科大礼堂举行全体学生临时大会。

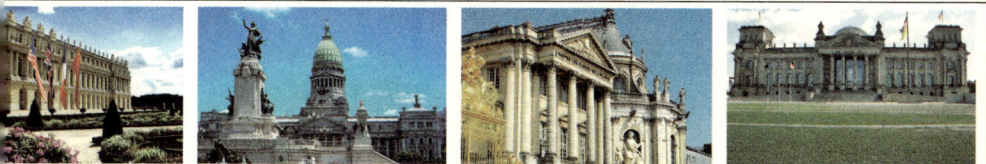

5月3日晚，北京大学学生举行大会，高师、法政专门、高等工业等学校也有代表参加。学生代表发言，情绪激昂，号召大家奋起救国。最后定出4条办法：

一是联合各界一致力争；二是通电巴黎专使，坚持不在和约上签字；三是通电各省于1919年5月7日国耻纪念日举行游行示威运动；四是定于1919年5月4日齐集天安门举行学界之大示威。

1919年5月4日，北京3所高校的3000多名学生代表冲破军警阻挠，云集天安门，他们打出"誓死力争，还我青岛""收回山东权利""拒绝在巴黎和约上签字""废除'二十一条'""抵制日货""宁肯玉碎，勿为瓦全""外争国权，内惩国贼"等口号。并且要求惩办交通总长曹汝霖、币制局总裁陆宗舆、驻日公使章宗祥。

学生游行队伍移至曹宅，痛打了章宗祥，北京高等师范学校数理部的匡互生第一个冲进曹宅，并带头火烧曹宅，引发"火烧赵家楼"事件。随后，军警给予镇压，并逮捕了学生代表32人。

烧掉赵家楼的学生游行活动受到广泛关注，各界人士给予关注和支持，抗议逮捕学生，北京军阀政府颁布严禁抗议公告，大总统徐世昌下令镇压。但是，学生团体和社会团体纷纷支持。

1919年5月11日，上海成立学生联合会。5月14日，天津学生联合会成立。广州、南京、杭州、武汉、济南的学生和工人也给予支持。

5月19日，北京各校学生同时宣告罢课，并向各省的省议会、教育会、工会、商会、农会、学校、报馆发出罢课宣言。天津、上海、南京、杭州、重庆、南昌、武汉、长沙、厦门、济南、开封、太原等地学生，在北京各校学生罢课以后，先后宣告罢课，支持北京学生的斗争。

1919年6月，由于学生影响不断扩大，《五七日刊》和学生组织宣传，学生抗议不断遭到镇压。

6月3日，北京数以千计的学生涌向街道，开展大规模的宣传活动，被军警逮捕170多人。学校附近驻扎着大批军警，戒备森严。

6月4日，逮捕学生800余人，此间引发了新一轮的大规模抗议活动。

6月5日，上海工人开始大规模罢工。上海日商的内外棉第三、第四、第五纱厂、日华纱厂、上海纱厂和商务印书馆的工人全体罢工，参加罢工的有两万人以上。

6月6日、7日、9日，上海的电车工人、船坞工人、清洁工人、轮船水手也相继罢工。总数前后约有六七万人。上海工人罢工波及各地，京汉铁路长辛店工人、京奉铁路工人及九江工人都举行罢工和示威游行，自此起，运动的主力也由北京转向了上海。

6月6日，上海各界联合会成立，反对开课、开市，并且联合其他地区，

❶ 五四运动浮雕

告知上海罢工主张。通过上海的"三罢运动"，全国22个省150多个城市都有不同程度的反应。

6月11日，陈独秀等人到北京前门外闹市区散发《北京市民宣言》，声明如政府不接受市民要求，"我市学生商人劳工军人等，惟有直接行动以图根本之改造"。陈独秀因此被捕。

各地学生团体和社会知名人士纷纷通电，抗议政府的这一暴行。面对强大社会舆论压力，曹汝霖、陆宗舆、章宗祥相继被免职，总统徐世昌提出辞职。6月12日以后，工人相继复工，学生停止罢课。6月28日，中国代表没有在和约上签字。

6月23日，由阮真主编的《南京学生联合会日刊》创刊，发行所设在门帘桥省教育分会事务所内。张闻天、沈泽民为编辑科科员，是该报的主要撰稿人之一。该刊及时报道南京、江苏及全国学生反帝爱国运动的情况；围绕如何"改良社会"这一中心问题，抨击日本帝国主义和北洋军阀政府，批判旧制度、旧道德、旧思想、旧习惯，宣传革命民主主义思想，并介绍各种新思潮。

1921年11月12日至1922年2月6日，由美国倡议的华盛顿会议召开。1922年2月4日，中国和日本在华盛顿签订了《中日解决山东问题悬案条约》及其附约。

条约规定，日本将德国旧租借地交还中国，中国将该地全部开为商埠；原驻青岛、胶济铁路及其支线的日军应立即撤退；青岛海关归还中国；胶济铁路及其支线归还中国等。

附约中规定了对日本人和外国侨民的许多特殊权利，但是中国通过该条约收回了山东半岛主权和胶济铁路权益。

印度进行驱逐

殖民者斗争

在南亚，印度爆发了大规模的反对英国殖民统治的民族解放斗争。

第一次世界大战期间，印度的民族工业有了一定发展，提供了大量人力和资源，有150万人参战。它的军费负担在英帝国范围内仅次于英国，居第二位。

1919年3月18日，殖民当局颁布一项由英国法官罗拉特为首制定的镇压印度民族运动的法案。该法案授予总督特别全权，可对认为有颠覆嫌疑的人加以逮捕、搜查，不经审讯予以监禁，被捕者不得请律师辩护，从而激起印度各阶层人民的抗议，展开了大规模的反英斗争。

从3月30日起，德里及全国主要城市举行罢业、群众集会和示威游行，要求撤回这一法案。英帝国为了扑灭席卷全印度的群众抗议斗争，于4月13日，在旁遮普省的阿姆利则市对5万多名集会群众进行血腥的大屠杀。

当场有1200多人被杀害，2000多人受伤。印度举国为之震惊，反帝斗争进一步高涨。在旁遮普省，人们焚烧政府机关和建筑物，与警察发生冲突，两天之内扩展至50个城市和地区。

工人罢工，农村骚动，超越了当时国大党主席甘地所倡导的非暴力原则。由于甘地下令制止，群众反帝斗争在4月18日暂时平息下来。

1920年3月，殖民政府发表关于"阿姆利则事件"的调查结果，为造成这一惨案的现场指挥人开脱罪责。这再次引起印度人民的极大不满。

1920年秋，国大党通过甘地提出的非暴力的不合作计划，规定所有印度人拒绝英国政府颁发的官爵封号；拒绝在法院和政府工作；不进英国人办的

学校，抵制英国商品；普遍拒绝纳税等。

自此，全印度广泛开展不合作运动，抵制1920年10月举行的议会选举和1921年2月的中央立法会议。殖民当局严厉镇压，自1921年11月至1922年3月，交法庭审判的政治犯19498人，其中15337人被判刑。

由于殖民地当局的暴力镇压，不合作运动越来越超出非暴力的界限。不少地方的农民袭击地主庄园，夺取粮食，拒绝缴纳地租。

印度工人运动也在不断高涨，英国殖民当局对此惶恐不安。

1929年3月20日夜，英国殖民当局在印度各大城市逮捕了31名印度著名的工会领袖和一名英国记者。

被捕者中有印度工会大会、红旗工会、大印度半岛铁路工会、全印铁路工人联合会以及联合省、孟加拉省等地的工会联合会的著名领导人和活动家。

殖民当局把他们押解到德里东北一个远离工业中心的小镇密拉特进行审判。检察官依据刑法提出公诉，指控被捕者"图谋使国王丧失其对印度的统治"、"图谋借犯罪力量以颠覆印度政府"，证据是他们"煽动劳资对立"、"成立工农党、青年联盟、工会等"及"怂恿罢工"。

高等法院审判官认为，被告并无从事任何明显的非法行为。而检察官则宣称："就本案而言，证明被告是否确曾有何行动是不必要的，只要能证明阴谋就够了。"殖民当局故意把这种没有证据的审判拖了3年半之久。

印度人民也发出了强烈的抗议，全印度和各大工业中心城市都成立了辩护委员会，印度各地一再举行抗议集会和示威游行。国际进步舆论也纷纷声援受审者。

关于这次审判，英国工党和工联大会在1933年发行的一本小册子中承认："整个审判和法院的一切情形，从法律观点来看没有一点可以证明是正确的，而是可耻地违背了法典。"

1929年12月，国大党拉合尔代表大会通过了"争取印度完全独立"的决议，宣布1月26日为独立日。

1930年3月，甘地开展第二次不合作运动以后，印度掀起了反英斗争的新高潮。

4月18日，孟加拉省吉大港的群众在市中心举行了示威游行。当晚，苏尔贾亚·森领导的"吉大港印度共和军"袭击英国军火库和警察营房，杀死卫兵多名，发动了武装起义。吉大港人民起义被镇压，"共和军"几十名成员和主要领导人被逮捕和审判。

1930年4月，英国殖民当局逮捕了印度国大党的几乎全部领导人，这更激发了人民的反抗斗争。

4月20日，印度西北边省的中心白沙瓦开始了不合作运动。大批农民和季节工人聚集到白沙瓦举行示威游行，工厂、机关、学校都停工停课，到处举行反英集会。由于军警向群众开枪，造成了流血事件。

23日晨，白沙瓦市一队游行群众阻拦了押送被捕者的卡车，并与警察发生冲突，于是愤怒的群众把示威转变为武装起义。他们烧毁英军的装甲车，筑起了街垒。

在起义群众的影响下，第一皇家哈尔瓦团两个营的印度教士兵拒绝向群众开枪，并把武器交给起义者。英国殖民当局十分惊慌，急忙将军警撤离白沙瓦。起义群众控制白沙瓦达两个星期之久。

白沙瓦起义的消息迅速传遍全国，各地群众纷纷起来支援。5月3日，在旁遮普和其他省份的各大城市举行了"白沙瓦日"。边境部落的锡克人和巴克人还组织了志愿队伍前来增援，但遭到英军的截击。

5月8日，孟买省纺织工业中心绍拉普尔市的人民群众举行示威游行，警察向游行队伍开枪射击，示威的群众立即予以反击，于5月8日当天举行了起义。

英国殖民当局唯恐起义对其他城市产生影响，急忙调动了约2000人的英国军队向起义者反扑。起义的群众坚持战斗数日，5月16日，起义政权的成员被捕，起义队伍最后被镇压下去。

绍拉普尔起义是印度人民群众自发的反对英帝国主义殖民统治的斗争，

起义虽然失败了，但冲破了"非暴力"的束缚，鼓舞了印度人民的反帝斗争。

1931年1月26日，甘地等国大党领导人释放。英总督与其会谈，3月5日签订《德里协定》，国大党停止了不合作运动，同意参加新的圆桌会议。

9月7日至12月4日，在伦敦举行了第二次圆桌会议。甘地作为国大党的唯一代表出席会议，在会上提出给予印度自治领地位的要求，遭到英国拒绝。加上对居少数地位团体的代表权等问题有不同意见，会议未达成协议。

1931年12月28日，英国和印度关于印度政府前途的第二轮会谈因印度民族主义者要求完全独立而宣告失败。英国政府愿意给印度一个有限的主权，即让印度掌管政府各方面的财务。

圣雄甘地代表全印国民议会参加会议。除完全独立外，他拒绝接受任何条件。会议的不欢而散导致印度的又一番混乱，当局采取新的步骤镇压独立运动。

1932年1月4日，新的一年刚开始，印度的独立运动就受到挫折。在伦敦举行的印度会议于1931年12月1日休会，双方没有取得任何成果。

在这一次伦敦会议失败之后，甘地通过国民大会党向英国驻印度新总督弗里曼·汤玛斯·威林顿爵士提出他们一贯的要求，威林顿态度强硬，并威胁要采取相应的措施。甘地激励印度人加强不合作运动，拒绝购买英国一切货物。

结果英国人在印度第一次骚动之后，逮捕了所有反对派的领袖，还对全印度国民大会党发出禁令。印度全国都设置即决法庭，这种法庭可以判决死刑或放逐。

1932年11月15日至12月24日，举行了第三次圆桌会议。只讨论了次要问题。3次圆桌会议没有达成积极的成果，但为英国政府和议会制定《印度政府组织法》提供了材料。

土耳其的
全民抵抗运动

在第一次世界大战中，土耳其是一个日趋衰败的封建性帝国——奥斯曼帝国。由于它站在同盟国一方参战，实际上已沦为帝国主义的"保护国"。

1910年10月30日后，英法意等国军队进驻土耳其，希腊军队在1919年5月占领伊兹密尔，土耳其面临被列强瓜分的危险。

在民族存亡的关头，土耳其人民掀起了大规模的民族解放斗争。运动的组织者和领导者是民族资产阶级，核心人物主要由知识分子和军官组成。其领袖人物凯末尔历任军长、集团军司令，是一位爱国将领。他领导的土耳其资产阶级革命，也称"凯末尔革命"。

1919年5月，凯末尔着手组织全民族抵抗运动；7月和9月，两次召开代表大会，成立全国性民族主义者组织安纳托利亚和卢梅尼亚保护权利协会；大会选出了以凯末尔为首的代表委员会。

这时，凯末尔党人还没有公开反对在首都伊斯坦布尔的已经成为英国傀儡的苏丹，而是推动苏丹政府召开土耳其议会。同年年底，以安卡拉作为民族解放运动的中心。

1920年1月，奥斯曼帝国最后一届议会会议上，凯末尔及其支持者取得议会多数，从而使议会通过实现土耳其统一、独立和自由的《国民公约》。这个纲领性的文件，成为民族解放斗争的旗帜。但是，苏丹政府在英国的唆使下，竟然解散议会。

凯末尔于1920年4月间在安卡拉召开新的议会，取名土耳其大国民议会。大国民议会宣布自己是土耳其唯一合法政权，选举凯末尔任主席。

103

1920年6月，由英国装备的希腊军队进攻安纳托利亚腹地。协约国列强逼迫土耳其苏丹政府在8月签订《色佛尔条约》。土耳其人民拒绝接受《色佛尔和约》，对外国干涉军进行英勇抵抗。

凯末尔政府在1921年与苏俄签订友好条约。依靠人民支持和苏俄援助，土耳其屡屡击败外国干涉军。还利用协约国列强之间的矛盾，与意大利、法国签订协定，争取他们同意从土耳其领土上撤军。

在凯末尔的领导下，土耳其国民军和农民游击队在极其艰苦的条件下抗击英国、希腊等国的侵略军。

1922年8月，土耳其国民军发动总反攻，击溃希腊侵略军，在9月间收复伊兹梅尔并进军伊斯坦布尔，苏丹乘英国军舰逃往马其他岛。

11月1日，大国民议会废除了苏丹制度。

1923年7月，土耳其与协约国在瑞士洛桑签订和约，废除《色佛尔条约》中的一些不平等条款，保持了土耳其疆土的完整。外国的财政监督和领事裁判权都被解除。至此，土耳其的独立获得国际上的承认。

1923年10月29日，土耳其大国民议会宣布土耳其共和国成立。凯末尔当选为首任总统。新政府一成立就着手处理一些重大的政治事务，以巩固新生的共和国。

🔺 土耳其国父凯末尔

1924年3月4日，大国民议会通过了废除哈里发制度的决议。1924年3月，撤销了宗教与宗教基金事务部，封闭了伊斯兰教会学校，废除伊斯兰教法院，并筹备制订新法典。

最为重要的是，土耳其于1924年4月20日颁布了第一部共和国宪法，新宪法不仅从根本上确定了国家的共和国体制，完成了国家权力的划分，同时赋予人民参政、议政的权利。

土耳其新政府实行了一系列资产阶级性质的民主改革，如发展民族经济；废除伊斯兰教主制度，实行政教分离；以资产阶级的民法和刑法代替伊斯兰教法规；扩大世俗教育；给予妇女在选举、教育和就业方面以一定的平等权利，废除陋习等。

后来，凯末尔领导的土耳其共和党的党纲，把凯末尔主义概括为6项原则："共和主义""民族主义""平民主义""国家主义""世俗主义"和"改革主义"，但没有从根本上解决封建土地所有制问题。从总体来说，凯末尔革命起到了振兴土耳其的作用。

在奥斯曼帝国的废墟上，土耳其完成了资产阶级民族民主革命，建立了新的民族国家。它是第一次世界大战后由资产阶级领导的民族解放运动赢得胜利的一种模式的典型代表。

北非民族的
解放斗争

第一次世界大战后，非洲各地，主要是北非开始兴起民族解放运动。其中尤以1919年至1922年埃及反英起义的规模和影响最大。

英国在1914年12月以土耳其加入同盟国对英作战为借口，宣布取消奥斯曼帝国对埃及的宗主权，将埃及作为它的"保护国"，对埃及进行掠夺和压榨。

1918年11月13日，埃及民族运动领导人会见英国高级专员，提出准许埃及完全独立的要求。

他们在当天组成7人代表团，准备前往伦敦与英国谈判。代表团起草了一份"委任书"，谋求人民认可他们作为民族的代表同英国谈判独立问题，在至11月23日的10天之内，即征得10万人签名。

英国不仅坚决拒绝代表团的要求，而且还以残酷的手段镇压代表团发起的抗议运动，逮捕和流放代表团的领袖人物。

1919年3月9日，开罗高等学校学生举行游行示威，有300名学生被捕。随后两天，更多的学生参加示威，工人举行大规模罢工，工人，学生在行进中与警察发生了大规模冲突。

从3月14日起，反英斗争的浪潮席卷全国，埃及城市广大人民群众自发进行武装起义。几乎在一个月的时间内，埃及国家机关陷于瘫痪。殖民当局无法恢复控制，被迫于4月8日释放代表团的代表。

1919年12月，英国派出特别代表团赴埃及调查"三月起义"原因，寻求维护其利益的解决方案。代表团在1920年8月提出一项名义上取消保护制度，

实际上保留英国占领的条约草案。

这个草案公布后，再次引起埃及各阶层愤怒抗议的风暴，并致使谈判破裂。

1921年4月，一大批人退出代表团，主张与英国妥协。其主要领导人仍坚持斗争，扩大新的成员。

同年12月，殖民当局又将代表团领袖人物逮捕流放，引起开罗、亚历山大和其他一些城市起义，但农民没有参加这次起义。由于代表团的分裂，起义规模小于"三月起义"，而且英方事先早有准备，迅速将起义队伍镇压下去。

英国已不可能再像以前那样统治埃及。1922年2月28日，被迫宣布取消对埃及的"保护"，单方面承认埃及独立，同时附有英国有权在苏伊士运河区驻军等4项保留条件。

尽管附有种种限制，埃及人民的斗争毕竟赢得了英国殖民者的一定让步，同意承认埃及在形式上的独立。

1923年，英国准许被流放的代表团领袖返回埃及。代表团成员在议会选举中获得总共215席中的188席。1924年1月，组成埃及第一个民族政府。

阿根廷民众的
罢工抗争

在拉丁美洲，第一次世界大战以后，巴西、智利、秘鲁、墨西哥和古巴等国，都有过规模不等的工农革命斗争。其中以阿根廷的1919年布宜诺斯艾利斯起义最为壮烈。

布宜诺斯艾利斯，位于拉普拉塔河西岸，是阿根廷首都和联邦区所在地，市区为一条从港口流向西南方的小河及环城公路环抱，同附近的22个小城镇组成大布宜诺斯艾利斯市。

历史上布宜诺斯艾利斯是阿根廷崇尚自由和自由贸易理念的首善之区，特别是与宣扬保守天主教方法治国的西北地方相比而言。19世纪，阿根廷关于集权者和联邦者爆发的冲突大多数源于以上分歧。

19世纪，布宜诺斯艾利斯遭到两次海军封锁。1838年至1840年遭法国包围，1845年至1848年遭英法联合远征军封锁，两次妄图使布市屈服的包围均以失败告终，外国列强也放弃了其要求。

1852年，阿根廷联邦派领袖乌尔基萨推翻了独裁统治者布宜诺斯艾利斯省武装部队司令罗萨斯，并主持召开圣菲制宪会议。1853年5月1日，制定阿根廷国家宪法，建立了阿根廷邦联共和国。

1854年2月，乌尔基萨被选为阿根廷邦联总统，不久把首都迁往巴拉那。布宜诺斯艾利斯集权派拒不承认巴拉那政权，于是阿根廷出现两个政权并存的局面。

1861年，集权派首领巴托洛梅·米特雷率军打败乌尔基萨。次年，米特雷当选为总统，宣布布宜诺斯艾利斯为临时首都，阿根廷正式成为统一国

家。

1880年9月，布宜诺斯艾利斯被定为共和国永久首都。19世纪中叶以后，在萨米恩托总统的鼓励下，欧洲大批移民抵阿根廷。英国势力开始在阿根廷经济中占据重要地位。

20世纪20年代，布宜诺斯艾利斯是欧洲、阿根廷其他地区和周边国家移民者首先的目的地。

在米特雷之后的萨米恩托和阿维利亚内达执政时期，实行旨在发展经济、文化和教育的一系列改革，使阿根廷经济在各方面都获得了一定的起色。

然而，阿根廷的独立并未给国家带来安全与稳定。对外同巴拉圭的战争，对内与印第安人就土地资源的争夺，使得战火不断。

与此同时，英国资本开始大量侵入阿根廷。他们修建铁路，兴建农场和牧场，到1909年，英国在阿根廷的投资已达80多亿法郎。

由于受20世纪20年代经济危机影响，大批农场主和农民移迁到都会区外围，造就了第一批贫民窟，加剧了社会矛盾，和阿根廷作为富裕之地的形象形成反差。

阿根廷的民族经济在第一次世界大战期间有所发展。战争结束以后，世界市场对阿根廷粮食和农业原料的需求急剧下降，加上激烈的国际竞争，阿根廷经济状况大为恶化。

资产阶级、地主和外国垄断资本以削减工资、增加赋税、降低劳动人民生活水平的办法，补偿它们利润的损失，引起工人罢工斗争的高涨。

1918年至1921年间，阿根廷工人发动860次大罢工，参加者达700多万人次。1919年1月初，布宜诺斯艾利斯工人举行罢工时，遭到英国华森公司冶金厂资方雇佣的暴徒的枪杀。1月7日，又一家工厂举行工人集会时，遭到警察开枪镇压。

9日，布宜诺斯艾利斯爆发全市总罢工，20万工人为死难战友举行葬礼，送葬队伍又遭军警射击。工人压抑在心中的怒火彻底爆发了。他们夺取军火

库的武器，构筑街垒，同军警展开了激烈的巷战，将其打得抱头鼠窜，罢工的队伍取得了胜利，控制该市好几天。

后来，军队调来大炮轰炸工人们占领的地方，炸毁了街垒，拘捕了罢工工人，起义于1月15日被残酷镇压，死难达数千人。这一惨案在阿根廷历史上被称为"流血周"。

在阿根廷中部和南部一些省份，1919年至1921年间工人也展开罢工斗争，要求提高工资，改善劳动条件。有的地方还举行了起义。

帝国危机

第二次世界大战的背景

德意日法西斯的产生

  法西斯主义是由意大利法西斯政党首先提出的。该党在1922年上台执政，公开实行极端独裁的政治统治。1920年，希特勒提出纳粹主义，他利用德国在第一次世界大战中战败后民族自尊心受到损害的条件，推行反动的种族主义和复仇主义。1933年，他在德国建立了法西斯专政。与此同时，日本也走向法西斯化，它们共同发动了第二次世界大战。

法西斯
夺取意大利政权

法西斯运动首先产生于意大利。

意大利是后起的帝国主义，其经济远远落后于欧美主要资本主义国家。1920年至1921年，意大利爆发经济危机，许多大公司，包括一些大垄断集团，因无力克服而破产。

经济危机引发革命危机。面对工农革命运动大有夺取政权的趋势，统治阶级惊恐不安。他们竭力要寻求一个强有力的政府和铁腕人物来维持其统治。在这种背景下，法西斯主义开始在意大利兴起、泛滥，并掌握军政大权。

第一次世界大战结束后，意大利作为战胜国之一，派代表团出席了巴黎和会，要求兑现伦敦条约对意大利的许诺。

但是，英法美三国不愿看到意大利在地中海和巴尔干势力的加强，拒绝把之前所许诺的领土交给意大利。这一消息传到意大利，引起各阶层的极大不满与愤慨，意大利人都认为受到了愚弄。

当意大利政府同意在和平条约上签字时，激起了民族主义者的愤怒。其中墨索里尼和邓南遮表现得最为突出。墨索里尼提出，要么修改《凡尔赛条约》，要么进行新的战争；邓南遮宣称，不论是根据神圣权利还是根据人类法律，达尔马提亚都是属于意大利的，它过去是我们的，今后也将属于我们。

意大利各阶层纷纷指责政府软弱无能，希望有一个强有力的政府采取军事行动，兑现英法美三国对意大利的领土许诺。正是这股狂热的民族主义情

绪，为法西斯主义在意大利"生根发芽"创造了环境和条件。

其实，早在10月，工团主义代表人物比昂基就在米兰建立了第一个法西斯组织——国际行动革命法西斯。

同年10月，墨索里尼也参加了该组织，并于1915年1月将该组织改名为"革命干涉行动法西斯"。第一次世界大战结束后，墨索里尼与退伍军人协会领导人韦基和工团主义领导人比昂基等人商定，重建法西斯组织。

1919年3月，墨索里尼组织的"战斗的法西斯"宣告成立。此后，它极力扩大其在退伍军人、工人和其他小资产阶级分子中的影响。

为了争取知识分子和民族主义者，它站在领土收复主义的立场，联合反动文人和国家主义党，多次举行声势浩大的集会与游行，反对"放弃主义"，要求"巴黎和会"兑现对意大利的领土许诺，无条件兼并毗邻的阜姆和把达尔马提亚的城市划归意大利。

战斗的法西斯成立后，显然声势浩大，但影响甚微。在1919年11月意大利大选中，法西斯分子无一人当选。在米兰地区参加竞选的墨索里尼得票最多，也只有1064票。

竞选失败，使法西斯分子失去信心，许多人相继抛弃这个组织。至1919年12月，意大利法西斯成员不足1000人。

与此同时，法西斯集团发生了更大的危机——分裂为两大派：一派以墨索里尼为首，被称为"城市法西斯"；另一派以罗伯托·法里纳奇、伊塔洛·巴尔博和迪诺·格兰迪为首，被称为"农村法西斯"。

农村法西斯成员主要以退伍军人为主。第一次世界大战期间，意大利的士兵主要来自农村，而且其中绝大多数是无地或少地的农民，政府为了吸引这些人当兵，许诺退役后分给土地。

1918年年底战争结束后，政府即宣布解除动员令，有100多万士兵退出现役。当这些人满怀即将获得土地的喜悦心情从前线回到故乡时，不仅未得到土地和所企盼的工作，而且遭到从第一次世界大战开始就反对参战的社会党的粗暴对待和歧视。

在痛苦和绝望之余，他们组织起来，要求获得土地，有的地区发起了占地斗争。至1920年4月15日，退伍军人和农民已占领了191户贵族和大地主的217万公顷的土地。

农村法西斯领袖为了把这部分人拉入集团之中增加影响，公开支持退伍军人和农民的土地要求，提出"给农民以土地"和"耕者有其田"的口号，并挑拨农民与社会党的关系。通过这些欺骗性的宣传，法西斯运动迅速在农村中发展起来。

农村法西斯成立法西斯行动队，进行恐怖暴力活动，大批佃农、雇农均被迫参加法西斯行动队。他们占据了除克雷莫纳、帕尔马和罗马尼阿以外的整个波河流域和意大利北部的威尼斯米利亚地区，以及亚历山大里亚省和诺瓦拉、托斯卡纳、翁布里亚、普利亚省的一部分。

根据农村法西斯运动的成功经验，城市法西斯领导者认为，法西斯主义只有通过暴力才能夺取政权。用墨索里尼本人的话说就是：

> 现实告诉我们必须拿起武器，而不能手无寸铁；必须组建自己的队伍，而不能靠在广场上集合那些乌合之众。

正是基于这种思想，1920年5月24日，"战斗的法西斯"第二次全国代表大会在米兰召开，以墨索里尼为首的城市法西斯领袖制定了一个转向右翼的新纲领，公开宣布把暴力作为行动准则。而且根据这个纲领，城市法西斯也建立起武装行动队。因此，尽管法西斯集团分裂成两派，但从本质上看毫无差别。

法西斯运动若想取胜，必须争取统治阶级和各权势集团的信任和支持。为此，墨索里尼寻找各种机会取悦新老政客、垄断资本、封建地主和王室。

1920年6月15日，乔里蒂接替尼蒂担任意大利王国首相，发表了一个以镇压革命运动为根本宗旨的施政声明。

6月25日，墨索里尼在意大利《人民报》上发表署名文章，声称乔里蒂

的声明"与法西斯新纲领的基本要点完全一致",并为其追随者发表一份宣言:

满18岁以上者有选举权;妇女有选举权;比例代表制;地方政府自治权;公民复决权;解散议会和政警部队;没收教会财产;禁止股票市场上的投机买卖;55岁退休;8小时工作制;法定了低限度工资;战争利润上升到85%者,收资本累进税。

1920年8月末至9月初,当意大利全国60万工人占领工厂时,墨索里尼亲自跑到米兰市长鲁西尼奥利的办公室,向他保证:"法西斯主义者和民族主义者下定决心,将使用包括更加猛烈手段在内的一切手段,去反对将意大利毁灭的各极端党派的暴行和制止工会组织的骚乱。"

随后,法西斯白色恐怖笼罩整个意大利。全国各地暴力事件接连发生,许多城市陷入混乱之中。

1920年11月21日,当在波洛尼亚市议会选举中获胜的社会党人组成的新政府举行典礼时,数百名法西斯暴徒冲进会场,砸

意大利法西斯头子墨索里尼 ⬆

毁举行就职仪式的现场。而王国政府视而不见,不予追究,结果使法西斯分子有恃无恐,暴力行动日益增多。

仅1921年的6个月,法西斯行动队在全国采取的规模较大的暴力行动就有726起,他们破坏、捣毁社会党和共产党的支部与俱乐部,以及许多左翼的

117

出版社和报社，并以暴力威胁，逼迫左翼市长和议员辞职。

法西斯的这些行动大得统治阶级的欢心，法西斯运动借机迅速发展起来。至1921年的下半年，法西斯行动队基本上已把威尼斯朱利亚、威尼托区以及克雷莫纳、帕尔马和罗马尼阿等地区的社会党市、镇、村政权组织和工农群众组织全部捣毁，这些地区大部分村镇均已控制在法西斯手中。

墨索里尼对自己的成就欣喜若狂，认为他自1914年以来一直盼望的时刻已经到来，决心取代原有统治集团，掌握国家大权，在意大利建立法西斯极权统治。

1921年11月7日，"战斗的法西斯"在罗马举行第三次全国代表大会。大会将"战斗的法西斯"更名为"意大利国家法西斯党"，选举墨索里尼为领袖，比昂基为总书记，决定以古罗马的"棒束"标志为党徽。

大会通过了新的党纲，规定国家法西斯党要以极权主义国家观为指导：

对内实行劳资合作，建立职团，把职团作为民族团结的体现和发展生产的工具，使国民的所有活动均在职团国家中反映出来。对外，夺取地中海和海外的意大利殖民地，实现自己历史上的和地理上的完全统一，行使地中海拉丁文明之堡垒的职能，使意大利恢复民族国家的声誉。

为了夺取国家政权，进而实现纲领所规定的目标，墨索里尼首先是加紧扩充法西斯武装。他在法西斯党更名的当月，即指示比昂基以中央书记处的名义下令，党的支部同当地的法西斯行动队合并，组成法西斯武装战斗队。并明确规定，自1921年11月15日起，法西斯分子要无一例外地参加战斗队。

同年12月15日，墨索里尼将法西斯行动队司令部解散，免去一向与其争权的马尔西克的行动队司令的职务，任命巴尔博、德·博诺和德·韦基3人组织"法西斯军事总指挥部"，统一指挥法西斯战斗队。

战斗队的组织序列为：总指挥部、地区指挥部、军团、联队、战斗队。

这种编制使墨索里尼得以全面控制法西斯武装，为他进一步扩充法西斯战斗队和把法西斯分子在全国各地采取的暴力恐怖行动都置于自己的直接控制之下创造了条件。

新建的战斗队，对退伍军人和没有机会参加第一次世界大战的青年人具有很大的吸引力，他们纷纷参加，使国家法西斯党的人数急剧增加。

在短短两年多的时间里，法西斯运动不仅从一支微不足道的力量一跃而为全国第一大党，而且建立起一支打手队伍，其数量几乎等于意大利国家正规军、宪兵和皇家卫队的人数总和。

经过几个月的扩充武装和军事准备后，墨索里尼开始夺取地方政权。他首先以捍卫法律和秩序为名，下令法西斯战斗队在国家边远地区和法西斯势力占优势的地方夺取该地方政权。

其使用的手法是，先暗中挑动失业者举行示威，法西斯分子趁机制造暴力恐怖事件，造成局势混乱，然后命令战斗队采取行动夺取当地的政权。他们就是用这种办法，连续夺取了10余座城市及其所属乡镇的政权。

如果说在夺取地方政权的初期，法西斯分子还以法律和秩序的捍卫者的面目出现的话，那么，当夺取了为数可观的地方政权和控制了大片农村地区之后，他们就把这一切假面具摘掉，公开宣布要夺取国家政权。

1922年6月，墨索里尼在一篇文章中预言，"法西斯起义是不可避免的"。此后，他喋喋不休地叫嚷："存在着向罗马进军的可能性"和"马上夺取政权"等。

7月，当他得知劳动同盟决定于8月1日举行总罢工时，便借机公开向王国政府发难，限它在48小时之内把罢工镇压下去，否则法西斯党将采取行动"替政府行事"。

与此同时，他通知法西斯党各省省委，"在48小时过后，如果罢工还不停止，法西斯分子就要向各自所在省政府发动进攻，并予以占领"。由于法西斯党的破坏，总罢工于8月5日失败。

事后，王国政府未对法西斯的挑衅行动做出应有的反应，使得法西斯的

119

气焰更加嚣张。9月底，当时已实行自治的上阿迪杰试图从意大利分裂出去，并入奥地利。意大利舆论对此反应强烈，希望制止这一分裂企图，而政府却显得无能为力。

墨索里尼在以邓南遮为代表的民族主义分子的支持下，决定把代替政府镇压上阿迪杰出现的亲奥地利的分裂主义倾向，作为向罗马进军的序曲。

于是，他命令法西斯战斗队分别于10月1日和5日先后攻占了地处上阿迪杰的博尔扎诺和特伦托，赶跑了省长与市长，解散城市卫队，宣布了上阿迪杰意大利化的措施。

这一行动，使法西斯赢得了具有强烈民族主义情绪的中小资产阶级的广泛支持。而罗马政府对法西斯的行动无可奈何，只得予以同意和批准。这无形中加快了法西斯夺取国家政权的步伐。

至1922年10月，国家法西斯党已在意大利许多地方获得政权，夺取全国政权的时机渐趋成熟。10月16日，墨索里尼在米兰主持召开法西斯领导集团会议，决定采取行动，夺取全国政权，并成立法西斯4人领导小组，具体筹划行动计划。

墨索里尼在意大利大选中获胜

10月18日，法西斯4人领导小组在博迪盖拉开会，商讨制订"向罗马进军"计划问题。

10月20日至21日，4人领导小组在佛罗伦萨举行会议，最后制订出包括以下5点内容的《法西斯起义计划》：

一是进行总动员，以占领全国各大城市的公共建筑物。

二是黑衫队员在桑塔·马里奈拉、佩鲁贾、蒂沃里、蒙泰罗东多和沃尔图诺集中。

三是向法克塔政府发出最后通牒，要其交出国家的全部权力。

四是进驻罗马，不惜一切代价占领内阁各部。如果失败，法西斯民兵就撤向有大量后备力量的意大利中部地区。

五是在意大利中部的某一城市建立法西斯政府，迅速调集帕达纳地区的黑衫队员，重新向罗马发起进攻，直至取得胜利，占领罗马为止。

该计划还规定，黑衫队在罗马遭到国民军的阻击，博塔伊纵队就包围圣·洛伦佐区，从蒂布尔蒂纳门和马其奥莱门攻入；伊利奥里纵队随法拉从萨卡拉门和比亚门攻入；佩罗内纵队从特拉斯特维莱攻入。这个夺取全国政权的计划，很快即得到墨索里尼的批准。

1922年10月24日，约4万名身着黑衫的法西斯分子在那不勒斯举行向罗马进军的"誓师"会，墨索里尼在会上讲话，提出"要把法西斯党变成政府"。

他说：

要么把政府交给我们，要么我们去罗马夺取政府。这是几天之内，也许是几个小时之内的事。我向你们保证和发誓，如果需

要，我就下达这一命令。

在墨索里尼讲这番话的时候，法西斯分子不时地狂呼高叫："到罗马去！到罗马去！"

当天晚上，墨索里尼召集法西斯4人领导小组成员在那不勒斯的一家旅馆举行秘密会议，确定夺权的时间、目标和具体行动方案。

墨索里尼提出10月27日进行总动员，同时下达占领各省、市政府机关、警察局、邮电局、广播电台和报社的命令，然后战斗队按预定的计划进行集结，分三路向罗马进军，企图夺取政权，建立新政府。

1922年10月27日，从那不勒斯迁至佩鲁贾的法西斯总指挥部发表了《法西斯四人领导小组宣言》，命令法西斯战斗队自"即日起全体动员"，"向罗马进军，使罗马恢复昔日的光荣"。宣言呼吁军队"不要参加这场斗争"，申明法西斯分子"对军队怀有最崇高的敬意"；声称，法西斯向罗马进军的目的"只是赋予国家一种纪律，对发展国家经济、增加国家福利的各种力量以支持"。

当日深夜，由法西斯战斗队队员组成的"进军"队伍分三路向罗马进发。他们的武器装备很差，没有大炮，只有来复枪、滑膛枪、左轮手枪和少量老式机枪，甚至许多人手里拿的还是棍棒。

他们不但纪律松弛，而且毫无作战经验。而拥有现代化装备的国民军则非常强大。只要政府军队采取行动，这支法西斯武装是不堪一击的。

但是，墨索里尼得到了垄断资本家的支持。总部设在米兰的意大利工业家联合会、农场主联合会和银行家联合会等机构的领导人都致电罗马，要求任命墨索里尼为首相。工业家联合会主席、电气工业巨头孔蒂和《晚邮报》主编，甚至向国王发出同样要求的电报。

执政的自由党和人民党等党派的一些地方组织纷纷致电罗马，要求它们的中央领导机构不失时机地帮助墨索里尼组成政府和同意参加这个政府。

王室中颇具影响的人物达奥斯塔公爵、德·卡皮塔尼侯爵和贡扎加亲

王等也持此种态度。尤其是达奥斯塔公爵公开表示，如果国王反对法西斯上台，他将亲自行动谋取王位。

由于上述压力，国王埃马努埃莱三世于10月29日决定授权墨索里尼组成新政府。

10月31日，第一届法西斯政府内阁组成，墨索里尼任首相兼内政大臣和外交大臣。另外还有3名法西斯分子阿尔贝托·德·斯特法尼、阿尔多·奥维利奥和乔瓦尼·朱利亚蒂分别任财政、司法和被解放的土地大臣。在18名副大臣中，法西斯党占9名。

11月16日，新政府全体成员出席议会，墨索里尼发表施政演说。最后，议会以306票赞成、116票反对，通过了对政府的信任案。只有社会党人抵制这届新政府及其执政方式。就这样，世界上第一个法西斯政权正式诞生了。

为了博取统治阶级在政治上对法西斯政权的广泛支持，墨索里尼在1922年11月1日由其主持召开的第一次内阁会议上，把统治阶级所关心的殖民地和经济政策等问题作为中心议题。

会议决定，在的黎波里塔尼亚和昔兰尼加采取更加有力的行动，镇压利比亚人民的抗意运动和"把公用事业重新交给私人企业"；宣布取消在工业生产方面的各种限制，废除股票记名法等。

会后，墨索里尼会见意大利实业界的头面人物，亲自告诉他们，法西斯政府将实施"新经济进程"。其中包括："大力压缩政府的经费开支，使大量资金得以用于工业投资"；取消战时和战后历届政府对大工业的一切约束，降低直接税，拨款20亿里拉，对那些濒临破产的大公司予以资助。

与此同时，为表明其放弃反对君主制和反教权立场，墨索里尼派人向封建残余势力的权势人物保证，法西斯政府将停止实施《农业改革法》，取消对地租的限制和下令废除占领荒地合法化的法令。

墨索里尼采取的这一系列举动，不仅消除了权势集团对他的戒心，而且使他们将他视为自身利益的维护者，因而增加了对他的信任。

1922年12月，众议院批准授予他为期一年的"执政全权"，以恢复国家

秩序。墨索里尼在取得为期一年的独裁权后，采取的第一个行动是下令解散国民军以外的所有武装，建立法西斯民兵。

1923年1月，墨索里尼逼迫内阁同意解散包括法西斯战斗队在内的所有党派武装，借以取缔社会党的赤卫军，以及由4万人组成的皇家卫队。随后，他又以社会主义"危险尚未消除"为借口，迫使国王批准其建立国家安全志愿民兵。

其目的是剥夺法西斯党内可能与其争权者的军事领导权，把法西斯战斗队改编成由他亲自控制的武装，作为他控制法西斯党和对付反对派的工具。用他本人的话说，这支由30万人组成的武装"不仅使法西斯政权具有威力，而且也掌握着一支庞大的后备力量"。

在解散党派武装和建立国家安全志愿民兵的同时，墨索里尼加紧推进与国家主义党合并的步伐。他认为这是法西斯政权能否巩固的关键因素之一。

因为，以极端民族主义作为其政治纲领的国家主义党，不仅在南方各省中有广泛的追随者与支持者，而且得到王室、封建残余势力，乃至军队的强有力支持。该党领导人费德尔佐尼和科拉迪尼等人深得国王维托里奥·埃马努埃莱三世的恩宠。

经过近3个月的谈判，两党代表于1923年2月签署合并协议。自此，国家主义党党员集体加入法西斯党，成为该党势力较强的民族法西斯主义派，它的极端民族主义思想对法西斯党产生了很大影响。

1924年4月，意大利举行大选。

在选举之前和选举过程中，法西斯党公然践踏公民权利，破坏选举规则，采用各种强暴行为和弄虚作假手段。大选那天，法西斯分子控制了所有投票站，以暴力阻止各反对党的代表就位监督投票。

一般选民，则3人一组集体投票。凡被发现未投法西斯候选人票者，次日即予制裁，或剥夺其工作，或进行人身迫害。

共产党和各个社会党的党员、其他党派的著名反法西斯主义者及其支持者，一经发现，即强行阻止投票，没收他们的选民证，由法西斯分子冒名投

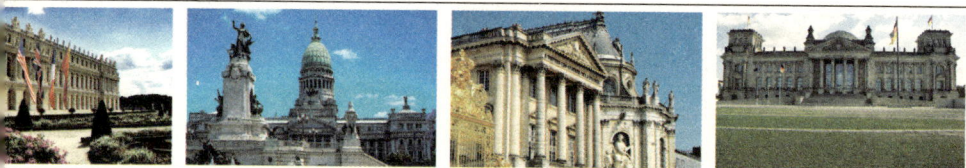

票。在广大农村，文盲均由法西斯分子代替其填写选票。在许多地方还伪造选举结果。

总之，法西斯党靠暴力取得了这次大选的"胜利"，获得了65％的选票。

大选结束后，为防止意大利共产党和社会党联合其他反对党抗议法西斯党在选举中的营私舞弊暴行，墨索里尼于4月9日指使法西斯暴徒捣毁意共和社会党的罗马总部。

1924年5月30日，新议会举行会议，墨索里尼提出对选举中非法行为的指控不列入议事日程，并要求全体议员一致通过他的提议。

当日，意大利统一社会党总书记、议会中反对派领袖贾科莫·马泰奥蒂即席发表了讲话，用大量事实详细披露了法西斯党在选举中施用暴力和欺骗手段的卑劣行径。

他讲道："政府多数派虽然名义上获得了400万张选票，但我们知道，这是由于可怕的暴行的结果。"他还匿名写了一本书，记录法西斯党执政一年多的大量暴行。

墨索里尼决定铲除马泰奥蒂，他对下属说："像马泰奥蒂这样的对手就得拔出手枪对付。"于是他的心腹干将菲里普·马里纳利和切萨雷·罗西下令杀害马泰奥蒂。

职业杀手杜米尼和普塔托于1924年6月10日在马泰奥蒂家中将其绑架，然后拖到候在门口的汽车里加以杀害，又把尸体运到

意大利法西斯头子墨索里尼（蜡像）

乡下埋掉。

事情败露之后，全国人民极为愤慨。议会中所有反对派议员150人退出议会组成阿文廷派，宣布除非把案件查清并证明与政府无关，否则他们决不返回议会，并要求国王免去墨索里尼的首相职务，解散法西斯民团，停止其暴行。法西斯党也乱作一团，陷入瘫痪状态。

为了摆脱危机，墨索里尼一方面千方百计否认和掩饰他与案件的关联，同时不得不强迫其亲信辞去警察总监和民团总司令之职，免去马里纳利和罗西的职务并予以逮捕，授意另外4名法西斯分子辞去大臣职务，又把凶手逮捕入狱。

对反对派，墨索里尼则软硬兼施，扬言要用武力镇压阿文廷派，又利用自要由党害怕社会党执政的心理支持自由党，既震慑又分化了阿文廷派。

此后，墨索里尼对反法西斯的民主力量进行疯狂镇压。

1924年12月30日，法西斯政府内阁作出决议：要采取"一切必要的措施来保护国家的，也就是法西斯主义的、道义的和物质的利益"，决心"把中央政府中的那些违背法西斯主义的人赶下台"，强迫阿文廷派投降，让议会服从法西斯党统治。

次日，内政大臣费德尔佐尼即下令查封反对党的报纸，一些派别领导人在报上发表文章，公开叫嚷"对反对派采取断然行动"。

1925年1月2日，墨索里尼主持召开政府内阁会议，逼迫内阁授权他采取一切必要措施，维护国家的道德和物资利益。

3日，墨索里尼在议会发表了标志着法西斯党彻底抛弃国家宪政和议会民主、以暴力推行一党专政的讲话。

当日，墨索里尼宣布其个人对马泰奥蒂案负责，并要求原任内阁部长辞职。但是在当天组成的新内阁名单中，仅有原任的自由派部长沙罗奇和卡沙提被革名，其余均予留任，不过约有20多名自由派议员投票反对新内阁。

1月5日，意大利首相墨索里尼开始采取行动，以对抗反对法西斯主义的议院议员及在野人士。在这次行动中，墨索里尼密令意大利警察搜查反对者

的寓所，扣留一切文件，关闭会议场所，并且解散所有的政治团体，包括意大利自由共和派在内。另外还查封被指控为报道"错误消息"的报纸，并逮捕记者。

1月6日，内政大臣在内阁会议上报告说，3天来有被怀疑的团体的俱乐部被查封，公共团体、"颠覆性"机构和"自由意大利"小组被解散；重要的"危险分子"被逮捕。其中，主要是共产党人，但也包括社会党人和一些其他反对党领导人。他还说，各地的行政长官"毫不犹豫地使用其被赋予的权力"。

1925年5月，法西斯政府颁布《反秘密团体法》取消了集会与结社自由。6月又颁布《新闻法》，取缔了所谓的"颠覆性刊物"，控制了言论自由。

12月24日，颁布《政府首脑及阁员职责与特权法》，使墨索里尼只需对国王负责，无须对议会负责，从法律上为法西斯独裁专制提供了保证。

1926年，又连续颁布了法西斯"政府有权在它认为紧急和绝对需要的情况下颁布具有法律效力的法律准则"的法令，规定市长改由中央政府任命的法令，确认法西斯工会为唯一合法工会的法令，以及《劳动职团法》《国家防御措施》《劳动宪章》等法令。

1926年4月7日，墨索里尼在罗马主持外科医生世界会议开幕典礼后，步出礼堂之际，突然有人发射4枚子弹。狙击者是一名62岁的爱尔兰妇女凡丽特·吉卜森，她刚从精神病院出院。

墨索里尼鼻子受伤。

虽然这次狙击事件与政治背景无关，然而法西斯党党员乘机大力渲染，立即派人查封反对派人士所开办的两家报社。午后，墨索里尼立刻宣布要"对抗世界上的民主主义"，乘机向反对派宣战。

10月7日，意大利法西斯党最高会议通过一项新党章议案，将党与国家合而为一，严厉禁止国内的其他政治团体干涉国家政权。同时，法西斯党员的新誓言只向墨索里尼个人效忠。

11月9日，法西斯政权公开宣布，终止各反对派议员的议员资格；11月

11日，宣布查封反对党的所有报刊，废除罢工权和建立流放委员会，用以"惩处那些从事或有迹象表明企图用暴力颠覆国内建立起来的社会、经济和国家秩序的人，以及毁坏法西斯和法西斯政权标志与制服的人"。

随后，于11月26日宣布取缔所有反对党。至此，墨索里尼以暴力恐怖为手段实现了一党专政，从而确立了极权制。

1928年12月，法西斯颁布了新的《选举法》和《法西斯委员会权力法》。这两个法令规定，法西斯委员会是国家的最高权力机关，它有权提出政府首脑各部大臣和议会议员的人选，对国家的重大事件享有最高决定权，法西斯委员会主席为政府首脑的当然人选。

1929年2月11日，墨索里尼为谋求天主教会的支持，与教皇十一世签订了《拉特兰条约》。

该条约规定：

> 意大利承认教皇在梵蒂冈的独立主权，建立"梵蒂冈城国"；意大利确认罗马天主教为国教；保障梵蒂冈的供水和服务设施，允许梵蒂冈火车和其他车辆在意大利国土上行驶，为梵蒂冈提供与其他国家之间的电讯、邮政等直接联系的条件。
>
> 允许进出梵蒂冈的商品和人员使用意大利口岸和道路；承认教皇和红衣主教在意大利享有与意大利国王和王族同等的荣誉；教皇承认意大利王国以罗马为首都。
>
> 意大利承认教皇对梵蒂冈的绝对管辖权，承认梵蒂冈享有治外法权，并赔偿原教皇丧失的收入17.5亿里拉；教皇同意与意大利政府合作，并规定意大利天主教会必须效忠意大利政府。

就这样，墨索里尼以武力、立法等手段，集党权、政权、立法权、司法权和人事任免权于一身，成为国家"合法"的主宰者，把整个国家和社会的所有领域，包括政治、经济、思想和文化等，都置于自己的独裁统治之下。

纳粹党徒
疯狂控制德国

德国是在普鲁士容克贵族的领导下，通过战争统一而迅速发展起来的。这导致了德国社会和政治生活中存在根深蒂固的军国主义传统和封建残余。

在德国政治生活中，普鲁士王室与容克贵族占据显赫的地位，容克贵族的政治代表德国皇帝掌握着政治、军事、外交的最后决定权，容克贵族的经济地位受到保护。

由于普鲁士军队在德国统一中的特殊作用，使其在德国的政治结构与社会结构中占有极为重要的地位。德国极其崇尚武力，在欧洲没有哪一个国家可以与其相比，军队几乎成了"国中之国"，军官团成了拥有特权的特殊社会阶层，其成员基本上由贵族子弟组成。

德国统一后，迅速发展成为一个高度发达、高度垄断的工业强国。资产阶级虽在经济上占据优势，但在政治上却难敌容克贵族。它既畏惧日益倾向革命的工人阶级，又拜倒在容克贵族的脚下，在政治上从未形成一个在国内具有决定性影响的政党，因而无力建立议会民主制的资产阶级共和国。

1918年，德军在前线不断溃败，国内政局动荡。德国皇帝威廉二世慌忙于9月30日下诏改革。

10月3日，具有自由主义色彩的巴登亲王马克斯担任首相，组成了包括中央党、进步党和社会民主党的国会制政府。社会民主党人谢德曼任内务大臣，鲍尔任劳工部长。随后，新政府向美国表示愿意结束战争。

但是，统治集团的这种让步已经无法阻止革命的爆发。

在政府向协约国求和的时候，一贯坚持战争政策的海军司令部于1918年

10月下令远洋舰队出海与英国海军决战，如果不能取胜就"光荣地沉没"。这种让水兵送死的冒险行径引起水兵的极大愤慨。

威廉港水兵拒绝起锚出海，军舰上出现了反战传单。海军司令部下令逮捕闹事的水兵，并把第三舰队从威廉港调往基尔港。

11月1日夜，到达基尔的水兵举行集会，讨论如何阻止舰队再次出海，并要求释放被抓的同伴。

11月3日下午，5000多名水兵在练兵场集合，要求结束战争，要求和平、自由和面包。会后，水兵举行游行，基尔港的工人也加入了示威行列。当游行队伍到达卡尔大街时遭到政府军警开枪镇压，死伤30余人。示威者也开枪回击，打响了反对帝国政权的第一枪。

11月4日，起义的水兵和工人解除了反动军官的武装，占领了火车站等

🔽 德国议会大厦

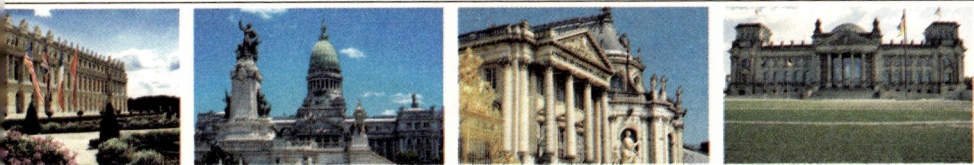

重要据点。奉命前来镇压的士兵也转到起义者一边。4日晚，整个基尔已经掌握在新成立的苏维埃人手中。

基尔起义震动了统治当局。马克斯、谢德曼等人签署呼吁书，要求水兵不要开始内战。同时，派遣国会议员、社会民主党人诺斯克去基尔恢复社会秩序。

诺斯克后来承认，他去基尔是想利用他同海军的关系平息事件。但是，他"遇到的已不是罢工者，而是30000名叛乱者"。

诺斯克见阻止起义已不可能，就转而答应水兵提出的一部分要求，许诺改善供应，从而取得水兵信任，被选为基尔水兵苏维埃主席。

基尔起义成为德国革命的开始。起义浪潮从北向南迅速扩展，汉堡、莱比锡、慕尼黑等城市相继取得革命胜利，各个邦的君主诸侯都被赶下宝座。至11月8日，大城市中只剩下柏林仍在政府手中。

11月9日，参加游行示威的社会党人挤满了柏林大街。水兵哗变，陆军占领了指挥部，革命热情支配着德国人民。

上午11时30分，德军司令给总理官邸的电报通知说，威廉将立即退位。中午，德国总理、巴登亲王宣布皇帝正式退位。12时30分，柏林报纸大肆报道德国皇帝退位的消息。总理在办公室接见社会民主党领导人，并把权力移交给社会民主党主席弗里德里希·艾伯特。

下午14时，谢德曼站在总理官邸的窗前，向人群宣布成立德国共和国。15时，军事司令部给总理官邸一封电报说："为避免流血，威廉二世陛下愿意放弃德国皇位，但绝不放弃普鲁士国王头衔。"

15时30分，总理官邸给军事司令部的电报说："没有必要再注意威廉二世的行踪，因为他退位的消息已于午间宣布了。"

16时，斯巴达克派党领袖卡尔·李卜克内西宣布："自由的社会主义德意志共和国诞生了。"

这时，德国反动分子也在积极地活动着，德国社会民主党左派头子艾伯特勾结资产阶级，从皇室巴登亲王的手里接过权力，宣布成立"自由德意志

133

共和国"，并组成了资产阶级临时政府。

在革命的紧急关头，李卜克内西和卢森堡等人领导的社会民主党左派斯巴达克团，成立了德国共产党。他们两人担任了党的领导工作，并创办了《红旗报》，同艾伯特为首的反动派展开了针锋相对的斗争。

德国共产党向人民发出了战斗的口号："全世界政权归苏维埃!"

1919年1月，李卜克内西和卢森堡领导了柏林工人武装起义。艾伯特政府调集来大批军队，进行血腥镇压。由于起义准备不够充分，力量过于悬殊，起义最后失败了。

反动政府开始了大屠杀。特务机关悬赏10万马克，高价悬赏李卜克内西和卢森堡的首级。军警在全城展开搜捕。

由于叛徒告密，1月15日，李卜克内西和卢森堡在避居的地下室里被捕。

艾伯特不敢公开杀害两位革命领袖，于是便策划了一场卑鄙的谋杀事件。当晚，被打得遍体鳞伤的李卜克内西被押赴监狱。半路上，军警将他推下车，从背后向他开了枪，之后造谣说他是在逃跑中被打死的。

不久，又杀害了卢森堡，并将他的尸体投入了兰维尔运河。直至5月31日，才被人们找到。

德国工人将卢森堡埋葬在李卜克内西和另外32名被害工人的柏林弗里德里希墓地。艾伯特临时政府的血腥屠杀，更激起了全国工人的反抗。3月间，柏林工人再次举行总罢工，丝毫不屈服于临时政府的血腥屠杀。

镇压了革命的艾伯特政府宣布德国为联邦共和国，即魏玛共和国艾伯特出任总统。

但是，魏玛共和国的基础十分薄弱，在《凡尔赛条约》的束缚下，存在着十分尖锐和复杂的经济、政治和民族矛盾，社会危机四伏，政局动荡不安。

容克贵族的势力没有从根本上触动，保守的政府执行机构与司法机构几乎原封不动地保留下来，它们作为德国政治生活中的右翼保守势力，不断威

胁着魏玛共和国。

战争使德国经济受到巨大破坏，同时也背上了战争赔款的沉重包袱，大批中小企业倒闭破产，失业者成千上万，他们对现实强烈不满，渴望改变现状。正是在这种条件下，纳粹运动在德国勃然兴起。

1919年1月，慕尼黑机车厂工人安东·德雷克斯勒联合报社记者卡尔·哈勒创建了德国工人党，即德国纳粹党的前身。同年，希特勒成为德国工人党党员，并成为该党主席团第七位委员。

1920年2月，他与德雷克斯勒合作起草了《二十五条纲领》。2月24日，德国工人党更名为"民族社会主义德意志工人党"，《二十五条纲领》成为该党正式的党纲。

《二十五点纲领》利用德国人民对《凡尔赛条约》的不满情绪，"要求一切德意志人在民族自决权的基础上联合成为一个大德意志帝国"，"废除《凡尔赛条约》和《圣·日耳曼和约》"。纳粹党的极端民族主义与种族主义紧密联系在一起。

《二十五点纲领》公然宣传泛日耳曼主义和反犹太主义，主张只有日耳曼血统的人才能成为德国公民，而非日耳曼血统的德国人不仅不能"享有决定国家领导和法律的权利"，而且无权住在德国，要在未来大一统的日耳曼国家里清除所有的犹太人，以此煽动民族复仇主义。

希特勒为了吸收工人和下层群众，发展纳粹力量和开展纳粹运动，在纲领中猛烈攻击资本主义、托拉斯、大工业家和大地主，宣称：

> 取缔不劳而获的收入，取缔和没收一切靠战争发财的非法所得，分享大工业利润，将大百货公司收归国有，租给小商人。

纳粹党的小资产阶级社会改革要求，对中下层群众有一定的吸引力。一批退伍军人、破产的中间阶层、失意的知识分子和无业的流氓无产者，加入了纳粹党。

1920年3月12日，在柏林，德国国防军和志愿军对共和国发动进攻。晚上，他们在吕特维茨将军和海军少校艾尔哈特的率领下向柏林进发。

次日早晨，他们举着黑、白、红三色旗进入首都，占领了政府办公区。东普鲁士邦政府机关高级官员、地方总督沃夫冈·卡普是政变的领袖，他自封为德国首相。

在政变分子到达之前，政府官员逃到斯图加特。

政变的原因是数月以来极右运动和民族主义分子与军人势力中一直有潜在的诉诸武力的情绪；另一方面，《凡尔赛条约》的签订使国防军和民团陷入一种不稳定的状况之中，也是导致政变的因素之一。

政府的解散令很自然地引起了军队的反抗。艾尔哈特的海军旅奉命在柏林附近集合，执行解散军队的任务，但他拒绝执行命令。这个做法得到柏林卫戍区司令吕特维茨的支持。

3月10日，吕特维茨向总统提出最后通牒性的政治要求。

第二天，国防部部长古斯塔夫·诺斯克解除了吕特维茨的职务，并下令逮捕卡普和其他政变参与者。这个行动迫使国防军提前行动，然而卡普和吕特维茨的政变准备工作并未就绪。

当政变分子开始进军时，国防部部长诺斯克请求国防军军官保护共和国，但为赛克特将军所拒；他不答应对政变分子采取任何行动，他说："军人不能向军人开枪。"

3月17日，政变彻底失败。政变没有发生流血事件，卡普与吕特维茨逃出柏林前往瑞典。

20日，政府机构从斯图加特重返柏林。国防军这次政变为纳粹运动的发展提供了条件。

1921年，希特勒在党内建立军事组织——冲锋队。冲锋队是纳粹党的武装组织，最初主要从事破坏革命运动冲击其他党派群众集会等活动。

1922年1月，德国纳粹党在慕尼黑举行第一次全国代表大会。在此之前，该党只举行领导成员大会，并且是以秘密方式进行。

28日，突击队在马尔斯费尔德集合，希特勒为突击队举行首次授旗仪式。在党代表会上，希特勒要求废除《凡尔赛条约》，并在会上高喊"打倒11月的罪犯们"。

1923年，法国占领鲁尔区之后，德国政府只能做消极反抗。这时，国防军却为发生武装冲突做好了准备。它悄悄地招募临时志愿军，以扩大军力。

另外，国防军还非法打开武器库，这些武器库是他们违反《凡尔赛条约》私下偷建的。临时志愿军伪装成工人队伍，一时达到相当可观的数目。仅设在柏林的第三军区就有1.8万人，编成27个分队。整个部队自称"黑色国防军"，实际上是在替秘密动员做准备。

1923年5月1日，为了破坏社会民主党的五一劳动节庆祝活动，希特勒与他组织的"祖国武装团体工作协会"发动了一场武装游行，两万名希特勒党员列队进入奥伯维森费尔德地区。希特勒声称左派即将发动政变。

希特勒的党徒被值勤的巴伐利亚邦警察和国防军解除武装，于是希特勒的政变行动只好变成一场游行和集会。此后几个星期内他暂时隐遁起来，继续筹划这类行动。

随着羽翼渐丰，纳粹党开始密谋夺权。

1923年2月，纳粹党与几个极右团体组成了以希特勒为"政治领导"的祖国战斗工作联盟。9月，又在此基础上组成了"德国人战斗联盟"，其任务是推翻魏玛共和国，并摧毁《凡尔赛条约》。

11月初，以希特勒为首的纳粹领导层与前德国陆军参谋长鲁登道夫串通一气，密谋策划在巴伐利亚建立法西斯政权，然后组织向柏林进军，夺取全国政权。

1923年11月8日晚，希特勒在军国主义分子鲁登道夫的支持下，率领法西斯武装的冲锋队员包围了在慕尼黑东南郊格勃劳凯勒啤酒馆，并强行冲进正在举行集会的会场。当时巴伐利亚州长官冯·卡尔正在向3000多名听众发表讲话，这一行动使会场一片骚乱。

希特勒在戈林、赫斯等人的簇拥下走向讲台，叫喊"国民革命已经开始

137

了"。

随后，希特勒扣留了州长卡尔、驻军司令洛索和警察局长泽塞尔上校，向他们宣布巴伐利亚州政府已被推翻，他自己将出任德国政府总理，鲁登道夫担任全国军队的领导者，威逼他们3个人担任巴伐利亚的摄政者、陆军部长和公安部长。

之后跳上讲台欺骗群众，说这3个人已同意和他一起组织新政府，并将组织对柏林的进军，以"拯救德国人民"。

与此同时，一个亲希特勒的武装团体与正规军发生冲突，希特勒离开啤酒馆前去处理，卡尔等人趁机溜走，并改变了"同意"希特勒暴动的态度。

为挽救局势，11月9日12时15分，希特勒和鲁登道夫率领大约3000名冲锋队员，从格勒劳凯勒啤酒馆向慕尼黑市中心进发。

之后，暴动者遭到警察部队的阻击，16名纳粹分子被打死，游行队伍一片混乱。希特勒不顾死伤者，自己登上汽车逃往一个朋友的别墅。

11月11日，警察在那里逮捕了希特勒，并把他关进监狱。

鲁登道夫同样被捕，受伤的戈林和赫斯逃到奥地利。希特勒的"向柏林进军"以失败而告终。

巴伐利亚人民法院1924年4月1日对犯有谋反罪的希特勒、鲁登道夫以及其他参与政变未遂案的被告人进行宣判。该法院提请将他们从轻判刑，因此虽然鲁登道夫的罪行证据很多，但仍被宣判释放。

至于希特勒和其他几名被告则判处每人5年的监禁，这是最轻的惩罚不过，希特勒可以有法定的6个月缓刑的权利。这个审判法案从2月26日开庭之后，便引起德国国内外舆论界的极大关注。

在24天的审理期间，德国各大报纸均以头条大标题的篇幅报道发生在法庭上的一切事情，各家报纸都刻意着重报道希特勒在法庭上所发表的极具煽动性及蛊惑性演说以及对德国共和国的攻击，而且他滔滔不绝的讲话并没有被巴伐利亚人民法院的法官们打断。因此，希特勒的名字首次越过巴伐利亚邦的范围，而成为全国的知名人物。

此次审理仅在巴伐利亚人民法院进行，并未提交更高级的国家法院，原因是总统艾伯特对地方政权所做的让步。在这次审判中，希特勒被判在距慕尼黑60千米外的列锡附近的兰茨堡监狱服刑。

啤酒馆暴动使纳粹党被取缔，纳粹运动遭受重大挫折。但是，德国的纳粹运动并未因此而一蹶不振。导致纳粹运动崛起的种种因素没有改变，软弱的魏玛共和国政府没有对希特勒及纳粹分子给予严厉的惩罚。

希特勒入狱后写下了臭名昭著的《我的奋斗》，书中系统地阐述：德国法西斯的政治纲领和奋斗目标，鼓吹种族论，宣扬德意志人民是优等种族，犹太人和斯拉夫人是劣等种族，德意志人应该成为世界的主宰者，建立联合一切德意志人的大德意帝国，对内实行元首独裁统治，对外夺取"生存空间"。

1924年12月，希特勒服刑不满9个月便从监狱提前释放。希特勒刚出狱两个月就立刻重新组织遭禁的政党。

此时，由于"道威斯计划"的实施，德国经济开始复苏，社会也随之进入相对稳定时期。在这种形势下，希特勒改变暴力夺权方针，主张依靠垄断

希特勒在慕尼黑一家啤酒店发动政变，但不久这次政变便流产了 ▼

139

资产阶级、军官团和容克贵族，重建纳粹党。

1925年2月27日，希特勒选择了另一家啤酒店，宣布恢复他的德国国家社会主义工人党。值得注意的是，他的军事助手鲁登道夫将军当天没有出席，但希特勒受到其他一些信仰纳粹事业人的支持。

1925年4月26日，兴登堡当选德意志帝国的第二任总统。在这次大选中，右派政党支持兴登堡为候选人，结果击败了德国社会党、德国民主党和中央党所支持的前帝国首相威廉·马克斯和德国共产党提名的恩斯特·塔勒曼，而当选总统。

当时，国外人士对兴登堡的当选，多采取观望存疑的态度。因为他们感到其中似乎蕴含德国对协约国的挑战，以及德国人民否认败于世界大战的心理。

法国的《时代报》评论说，兴登堡的当选透露一种讯息，代表"德意志民族意欲否认在世界大战中的失败"。

11月9日，希特勒授意海因里希·希姆莱组建党卫队，目的是要与冲锋队首脑罗姆对抗。希姆莱从当年4月开始召集队员，9月份已扩展至德国各地。

1926年2月，在南德班堡举行的纳粹党全德领袖会议上，希特勒压倒了党内的小资产阶级社会主义派，巩固了自己的领袖地位，使纳粹党逐渐代表垄断资产阶级的利益。

7月4日，希特勒在德国魏玛举行德国纳粹党重组后的第一次全国代表大会。会上希特勒击败了他的对手斯特拉塞集团。

该集团的领袖格里高尔·斯特拉塞和奥托·斯特拉塞在德国北部及莱茵河地区颇具影响力。斯特拉塞集团在魏玛大会中所提出的纲领不合时宜，以致约瑟夫·戈培尔转而投靠希特勒。

希特勒在魏玛检阅了5000人组成的队伍，并首次以高举手臂的方式致意。

1929年11月8日，德国纳粹党在图林根邦议会的选举中，得票比例提

高，显示出纳粹党的势力有持续上升的趋势。纳粹党的得势来自于采取反对"扬格计划"的行动，以及通过赫根伯格出版社的宣传。这些措施不但使纳粹党打出知名度，并且赢得了选民。

在1929年度萨克森、巴登、鲁贝克的选举中，特别是在巴伐利亚举行的普选中，该党都赢得了议会的席位。希特勒的亲信威廉·弗列克并担任图林根邦政府的内政部和国民教育部的要员。

纳粹党积极争取全民表决，共同反对"杨格计划"。至22日止，只有580万票表示赞同，离通过全民表决2000万票数的标准，仍有相当距离。

为了骗取农民的支持，1930年希特勒任命农业专家理查德·瓦尔特·达雷为纳粹党农业部长，由他负责制定农业方面的政策。

1930年3月6日，达雷宣布了一个取悦于农民的《农民纲领》，规定取缔土地投机，禁止地产抵押和拍卖，在土地交易中国家享有优先权，纲领向农民许诺，"在尽可能公道的条件下，得到经营土地放款"。

1930年7月是德国历史上危机重重的一个月。虽然最后一批法国军队在6月30日撤离莱茵河地区，但是庆祝撤军的活动也因经济危机而黯然失色。

由于德国财政状况严重萧条，兴登堡总统援引《紧急条例》来处理政府事务。新任财政部长海曼·迪特列希提出一项抵偿方案，虽经过不断的修改，在国会中仍然遭到德国社会民主党和左、右两派的反对党的反对。

布鲁宁总理所领导的内阁认为，他们所提出的财政调整方案只有通过宪法第四十八条的协助，才可能实现。7月16日，他们要求总统将方案作为《紧急条例》予以实行。

两天后，德国社会民主党、共产党、纳粹党的国会议员和德国民族人民党的部分议员否决了这项《紧急条例》。兴登堡按布鲁宁的建议，根据宪法，解散国会，重新收回被否决的《紧急条例》。

纳粹党趁此机会，发起了一场选举战。

在经济危机期间，纳粹党针对中小资产阶级反垄断资本的心理，针对他们对魏玛共和国的不满和失望，以及战后存在的民族屈辱情绪，提出了"反

141

资本主义""反共和制"和"民族主义"的口号，宣扬所谓"民族社会主义"，开展了一场争取民心的宣传战。

希特勒首先把党内数千名训练有素的演说家，派往农村和中小城市，争取对现状不满的农民和中小资产阶级的支持。他们所到之处，举行各种群众集会、青年集会、演讲会、火炬游行等活动，到处散发传单，张贴广告。

希特勒在各种集会上摇唇鼓舌，大谈人民的苦难，共和国的无能，并向各阶层人民许愿说，他能给他们带来所需要的一切。

1930年9月14日，德国政府在议会选举中惨遭失败，而对议会表示轻蔑态度的党派却以优势获胜。希特勒的纳粹党在过去的议会里只有12个席位，而在新的政府里猛增至107个。

❤ 希特勒的纳粹冲锋队接受检阅

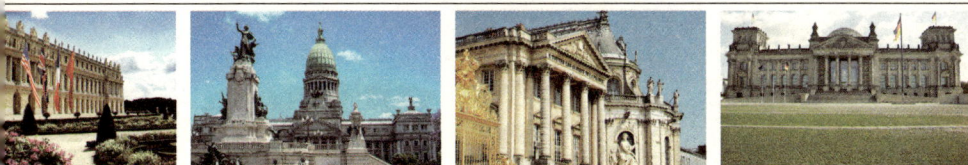

当时纳粹党比共产党强大，是德国第二大党。西欧各国对希特勒的成功大为惊恐。他被视为战争贩子。他说德国一定要东山再起，要报上次战争中的一箭之仇。

1930年10月14日，纳粹党的议员在国会提出一份提案，要求：

银行家、交易所大王、1914年8月1日以后移入的犹太人和一切外籍人员及其亲属的财产，以及自1914年8月1日以后利用战争、革命、通货膨胀等机会增加的一切财产，应无条件没收，归公所有。各大银行应立即收归国家管理。

1931年2月9日，德国极右派政党钢盔协会和纳粹党试图削弱政府的实力。在审议预算项目中的"外交"一款时，纳粹党议员弗朗斯·史都尔在议程开始之前发表了抨击民主的声明。

1931年3月28日，德国发布《紧急条例》，要求德国的政治激进分子中止他们的行动，原因是13日和14日，汉堡的纳粹党积极分子展开暗杀活动，一名警察官员开枪打死了一名在政府主管部门工作的犹太人，因为他不愿意由犹太人审问他加入纳粹党的活动情况。

此外，3名纳粹党员枪杀一名市议会议员，因为他们猜想他可能与汉堡的红色退伍军人联盟的首领有关。

为此，参议院在汉堡禁止德国共产党和纳粹党的报纸运营，还禁止这些党派的一切群众集会。这次颁布的《紧急条例》，包括一系列关于集会和示威游行的规定。

1931年10月11日，德国纳粹党、德意志民族人民党、钢盔团、泛德联盟等反动政党和团体的代表在布伦瑞克的哈尔兹堡温泉举行会议。希特勒参加。与会者一致要求尽快取消民主制度，由垄断资本中最富有侵略性和极端沙文主义的集团来建立政权。

在这次会议上，纳粹党联合德意志民族人民党，在天主教党右翼的支持

下成立了所谓的哈尔兹堡阵线，预谋15个月后在德国建立法西斯专政。他们在会上还明确宣布："我们决心保卫我们的国家免受布尔什维克主义的毒害，以法律权力从经济崩溃的旋流中挽救我们的政策。"

纳粹党通过宣传、小恩小惠等手段，使城乡中小资产阶级、知识分子、大学生和农民、大批涌向纳粹党。因此，该党得到迅速发展，除中央党之外，其他资产阶级传统政党选票明显减少，由此激发了纳粹党人通过选举搞垮魏玛体制的欲望。

纳粹党利用经济危机，积极开展宣传蛊惑活动，从1928年前一个微不足道的小党至1930年一跃而成为国会第二大党，至1932年则已成为国会第一大党，成了德国最有影响力的政治集团。这就为与垄断资本家讨价还价和夺取政权赢得了资本。

日本
军国主义的兴起

　　1853年夏天，在风和日丽，波光粼粼的日本江户湾的海面上，出现了4艘顶部不断冒着灰白色的烟雾的黑色大船，这是来自美国的蒸汽军舰。

　　美国海军准将马修·佩里率领舰队进入江户，即今东京岸的浦贺，把美国总统写给日本天皇的信交给了德川幕府，要求同日本建立外交关系和进行贸易。这次事件，史称"黑船事件"。

　　1854年，日本与美国签订了神奈川《日美亲善条约》，又名《神奈川条约》，同意向美国开放下田和箱馆两个港口，并给予美国最惠国待遇等。

　　"黑船事件"冲击了日本的封建自然经济，从根本上动摇了幕府的统治基础。在商品经济形态的快速扩展下，商人阶层，特别是金融事业经营者的力量逐渐增强，具有资产阶级色彩的藩地诸侯、武士，和要求进行制度改革的商人们组成政治性联盟，与反对幕府的基层农民共同形成"倒幕派"的实力基础。

　　1867年，孝明天皇死，太子睦仁亲王（即明治天皇）即位，倒幕势力积极结盟举兵。

　　11月8日，天皇下达讨幕密敕。9日，幕府将军德川庆喜奏请"奉还大政"。

　　1868年1月3日，天皇发布《王政复古大号令》，废除幕府，令德川庆喜"辞官纳地"。

　　8日及10日，德川庆喜在大阪宣布《王政复古大号令》为非法。

　　1月27日，以萨、长两藩为主力的天皇军，在京都附近与幕府军激战，德

川庆喜败走江户。戊辰战争由此开始。

天皇军大举东征，迫使德川庆喜于1868年5月3日交出江户城。至11月初，天皇军平定东北地区叛乱诸藩。

1869年春，天皇军出征北海道，于6月27日攻下幕府残余势力盘踞的最后据点，戊辰战争结束，日本全境统一。

1877年，西南战争爆发，这场战争是倒幕运动的尾声。也是日本资产阶级革命余波。随着西南战争中萨摩军的失败，由天皇操纵政权的封建军国主义国家建立，标志着日本资本主义革命的结束。

1868年明治政府成立起至1877年西南战争结束，是日本军国主义的孕育形成阶段。

在这10年中，日本确立和巩固了以天皇为中心的中央集权政府，建立起军国主义的经济基础，军国主义的武装和警察、监狱，并开始对外实行侵略扩张。

明治政府推行"富国强兵""殖产兴业"和"文明开化"三大政策，"富国强兵"是主体，是诸政策之首。

日本军事封建帝国主义的本质和特点，使日本被纳入军事、战争轨道，进入从战争走向更大战争的恶性循环之中。

1878年，日本陆军卿山县有朋发布《军人训诫》和《参谋本部条例》，加强对军人的军国主义训练。

日本国内外均无制约和阻遏军国主义发展的形势和力量。日本国内曾有3次民主运动高潮，即自由民权运动、大正民主运动和护宪三派斗争、反法西斯斗争，但均遭失败；日本对外侵略时，屡屡冒险却均较轻易得手，更刺激其向军国主义道路迅跑。

日本军国主义的发展，完全是靠进行不间断的疯狂的侵略战争来推动的。

1894年挑起中日甲午战争，1900年作为八国联军的主力侵犯中国，1904年发动日俄战争，1914年参加第一次世界大战，后又出兵西伯利亚，入侵中

国。

日本通过这些侵略战争，获得了巨额赔款，掠夺了被占领国家的大量财富，攫取了大片土地，其"大东亚共荣圈"的梦想正在一步步实现。

然而，1920年至1921年，日本爆发了历史上空前浩大的经济危机，处于寄生地主控制压迫下的农民纷纷破产。

经济危机尚未过去，1923年9月1日，以东京为中心的整个关东地区以及静冈、山梨等县突然发生强烈地震。

这次大地震使电信、电话、交通网被切断。下町一带被熊熊大火烧成灰烬，在一处被烧毁的遗址上，大量居民因地震成为饥饿的难民。

震灾发生后，以政府的救灾票据问题为中心，再次引发了1926年和1927

经济危机袭击下的日本失业工人 ▼

年的金融危机，许多大公司和银行倒闭，金融界一片混乱。日本半封建的农业也陷入经济危机。

至1929年10月，自美国首先爆发的世界性经济危机，又使脆弱的日本经济受到新的更大的冲击，社会再也不能保持大战前那种稳定了。

在国外，日本也受到了英美的挑战。第一次世界大战后确立的国际和平结构，仍由英法等欧洲战胜国居于主导地位。1921年至1922年的华盛顿会议上，美国与英法迫使日本接受了"维护中国领土与行政完整""门户开放"的原则，实际上也就是打破了日本独占中国市场与资源的计划。

与此同时，资本主义世界体系的一统天下被打破，社会主义运动与民族解放运动迅猛兴起，又形成了对于日本的猛烈冲击。

在中国，以1919年五四运动为开端的中国民族民主革命运动，进入了一个新的时期。特别是中国共产党成立后，中国革命的面貌焕然一新，这对妄图独霸中国的日本无疑又是一个沉重打击。

毫无疑问，日本军国主义开始陷入了危机四伏和到处碰壁的困境。这不能不促使日本各阶层、集团、政治力量对于本民族的历史与前途进行集中的反思，并做出自己的反应与抉择。在这种情况下，日本的法西斯运动开始兴起并发展起来。

在经济危机期间，日本的民间法西斯运动和军队法西斯运动快速发展，并掀起了一股法西斯浪潮。在这两种法西斯运动的推动下，实现了日本军部法西斯化。这是日本法西斯运动的特色所在。

全面经济危机爆发后，日本形形色色的法西斯组织，利用中小资产阶级对社会、经济地位下降的恐惧和对社会现状的不满，提出了"革新"和"反财阀"的口号，大肆攻击政党政治，极力进行迎合民意的宣传。

它们对外鼓吹侵略扩张、称霸亚洲和世界，对内宣扬反对无产阶级革命、反对民主主义，要求对现存体制进行"革新"，对社会和经济进行改造，实行以天皇为首的军事独裁。

这在很大程度上迎合和反映了中小资产阶级的要求，从而获得了这一阶

层广大成员和青年军官的支持，形成了一定规模的法西斯运动。

1919年，日本的法西斯鼻祖北一辉，写出了《日本改造方案日本大纲》；同年8月，大川周明、满川龟太郎在东京组建了日本第一个法西斯团体——犹存社，标志着法西斯运动在日本的兴起。

北一辉的《日本改造方案原理大纲》，以纲要加注的形式，简要明确地提出了法西斯的政治主张：

> 只有依靠国民的总代表、国家的根本天皇指导，在乡军人发动政变，实行国家改造，才能摆脱大日本帝国面临内忧外患，同时袭来的有史以来未曾有过的国难。在对外关系上，主张日本有对外开战之积极权力，赤裸裸地叫嚣战争。

《日本改造法案大纲》以其强烈的蛊惑性、欺骗性、狂热性，成为日本法西斯主义最激进的纲领，在日本的青年军官中产生了广泛而深刻的影响。

1920年，北一辉返回日本，加入成立不久的犹存社，并与大川周明一道成为该社的台柱。

犹存社以北一辉的《日本改造法案大纲》为核心经典，秘密印发，致力于法西斯"国家改造思想的普及和宣传工作"。其最终目的是通过完成日本的法西斯主义的"国家改造"，来建立一个称霸亚洲的大日本帝国。

在犹存社的鼓动下，北一辉的法西斯思想在日本一部分军人和学生中引起共鸣。东京帝国大学的"日之会"、北海道帝国大学的"烽之会"、早稻田大学的"潮之会"、拓植大学的"魂之会"、第五高等学校的"东光会"、佐贺高等学校的"太阳会"、京都帝国大学的"犹兴学会"等法西斯主义团体纷纷出笼。

虽然由于北一辉和大川周明的分歧，犹存社在1923年解体，但法西斯运动却由此而得到了空前的发展，形形色色的法西斯团体、派别不断涌现，如，大川周明的纯日本主义派，权藤成卿的农本自治主义派等。

Hideki Tojo
WWII Japanese Militarist

民间法西斯运动产生之后不久，日本军队也兴起了法西斯运动。

1921年10月27日，旅欧陆军军官永田铁山、小畑敏四郎、冈村宁次在莱茵河畔的巴登巴登温泉聚会，商讨日本国内外政治军事形势。他们根据第一次世界大战的经验和总体战略思想，约定回国后将致力于"消除派阀、刷新人事、改革军制、建立总动员态势"。这就是所谓"巴登巴登密约"，又叫做"三头密约"。

10月28日，东条英机也从柏林赶到，加入密约。"巴登巴登密约"的结成，是日本军队法西斯运动的起点。

永田铁山等人回国后，邀集年龄相近、志同道合的陆军中央幕僚军官，于1923年成立了"二叶会"，讨论如何改革陆军等问题。

1924年年初，长州藩的首领田中义一召集陆军中的元老们在他家开了一次会。

他扬言："我们面临着萨摩藩的阴谋，让我们彻底粉碎他们。"

6个月后，长州藩的一些将军和少数政友会的同盟者，获准去搞垮这个卑躬屈节的清浦内阁，条件是他们要接受陆军的改组计划。

1924年6月，由加藤高明组成新内阁，此人在10年前曾对华提出"二十一条"要求；新内阁把陆军的清洗当做一项例行的经济措施而满不在乎，而把公众的注意力引向普选法的新问题方面。

当全国的注意力被转移时，陆相宇垣却站在一边没有人注意。他表面上是对陆军进行裁军，实际上正在军官团中进行一笔复杂的讨价还价的交易，通过这笔交易，所有最重要的长州藩将军连同一批经过选择并给以补偿的萨摩藩将军和其他藩族的将军均自动辞职。

约有2000名军官被裁减。一些师团被宣布解散，但这些师团中的许多中队和大队则不予触动，待命处理。当许多长州藩族的军官退伍后，他们的部队重新被分配去充实还保存着的师团，或到新成立的辅助部队去充当军官。

此外，强制军事训练时间被缩短至6周，以便万一在全国动员时，政府能为每个男青年提供一些靠得住的基本训练。为了弥补训练时间的不足，组

织了有1200名教官的陆军教导团，其成员被分配到著名的高等学校和预科学校。

体育教官保证每个青年在服役前要学好尚武精神的原则、列队操练、军刀和步枪操练。他们通过对教职员的恫吓威胁，在以后几年中逐步严密地控制课程。

1927年经济危机爆发后，垄断资产阶级期望从对外侵略中寻找出路，因而重用军阀。4月17日，政友会总裁、陆军大将田中义一出任首相兼外相。

田中义一代表最反动、最富侵略性的日本统治集团，公开推行帝国主义侵略政策。

1927年6月27日至7月7日，田中义一在东京主持举行了所谓的"东方会议"。参加会议的有外务省、陆军省、海军省和参谋本部的代表。

会议研究了政府提出的对华"积极"行动纲领，即公开侵略中国的纲领。

这个纲领的核心就是田中在会上提出的"惟欲征服中国，必先征服满蒙如欲征服世界，必先征服中国"的侵略方针。东方会议的决定成为臭名昭著的《田中奏折》的基础。

尽管《田中奏折》的原件至今尚未发现，但历史已经证明，日本帝国主义正是按照"东方会议"和《田中奏折》的侵略方针进行侵略和争夺东方和世界霸权的。

在田中执政的两年中，仅1927年和1928年即曾两次出兵中国山东，侵占青岛和济南。

东方会议决定了对华政策纲领，根据公布的内容：

第一，区别中国本土和满蒙，坚决把中国东北从中国分割出来，置于日本势力之下。

第二，认为当前中国不可能统一，应和各地的稳健政权取得适当联系，即极力使军阀分裂互斗，从中选择日本的走卒。

第三，帝国在华权益以及日侨生命财产如有受不逞分子非法侵害之虞时，帝国当根据需要采取坚决自卫的措施，即日本坚决和反对帝国主义、争取民族独立的人们为敌。

第四，万一动乱，即中国革命波及满蒙，扰乱治安，使该地日本的特殊地位与利益有受侵害之时，帝国将不问它是来自哪一方面，有立即坚决采取适当措施加以保卫的决心。

1927年12月，永田铁山在整备局作《论国家总动员的报告》，明确提出必须把各种有形无形的资源全部加以统治的思想。

这样，就在日本法西斯体系中加进了新的内容：实行国家总动员，建立总体战体制，而民间法西斯分子鼓吹建立以天皇为绝对权威的"国体意识"，便成为幕僚革新派进行全国总动员的重要手段。

在"二叶会"的影响下，参谋本部课员铃木贞一和石原莞尔等更为年轻的军部中央校、尉级军官，于1928年组织了"研究国策"的木曜会。

1929年5月，"二叶会""木曜会"合二为一，建立了"一夕会"，标志着军人"幕僚革新派"的形成。

以永田铁山为核心的幕僚革新派，通过对第一次世界大战军事战略的研究，以及长期在德国对欧洲各国的观察，认为日本要在未来的世界战争中取胜，必须进行总体战。

但由于各种条件的限制，日本的国力同美英有着难以克服的差距，非但如此，国力薄弱的日本还要以一国的力量同多国对抗。为了缩小差距，进行总体战，充分调动一切人力、物力，必须建立总体战体制。

1929年7月上台的滨口雄幸内阁，为了寻找摆脱危机的出路，对内推行紧缩财政和产业合理化政策，对美英采取"协调"外交方针，并以政治手段将中国东北攫为己有。

而日本军部特别是陆军省、总参谋部和关东军中的少壮派，则主张立即出兵侵占"满洲"，以摆脱日本的经济危机。

20世纪30年代初，日本的法西斯和准法西斯团体曾经试图建立全国统一的组织。但是，所有的统一尝试均因内部存在分歧和争吵而未能成功。

民间法西斯团体遂把自己的事业和希望寄托于军队内部的法西斯势力身上。日本军部是近代天皇制的核心，是近代军国主义的集中体现。在经济大危机之后的一段时间里，军部实现了法西斯化，成为日本法西斯运动的主角。

1930年9月，以参谋本部俄国班班长桥本欣五郎为首的一些中下层军官建立樱会。

1932年，原"一夕会"的一些成员同其他一些军官，形成了以永田铁山为中心的统制派，成为推动军内法西斯运动的两股势力。由于统制派主张保持军部中央机构的统制，以合法手段，先外后内，自上而下对国家进行法西斯改造，建立军部独裁统治。因此，统制派的主张，得到大多数中上层军官的支持。

1934年1月，带有统制色彩的林铣十郎接任陆相，同年3月任命统制派领导人永田铁山少将为军务局长，成为仅次于陆相、陆军次官的最有实权的人物。统制派由此确立了对陆军的支配权。

陆军是日本军部的主导，支配了陆军就意味着掌握了对军队的主导权。军部还有计划、有步骤地从组织上操纵国民和民众舆论，对国家政务施加压力。

1931年，在乡军人会会员发展至260多万人，在各地实际上起着反动的政治作用。军部通过在乡军人会，将其影响扩大到全国各地和几乎所有基层单位，并通过大日本联合青年团，把全国青少年置于自己的控制和影响之下。

此外，军部还通过驻地的部队，对各地管辖的居民直接进行宣传、煽动和组织其他活动。军部通过上述手段，为扩大、确立自己的政治支配地位，攻击、摧垮政党政治奠定了基础。

实力日益壮大的军内法西斯势力，利用危机，同民间法西斯势力相呼

应，连续向政党政治发起进攻。

1930年4月22日，滨口内阁签订了《关于限制和裁减海军军备条约》，遭到军方和右翼反动团体的责难。他们指责政府软弱无能，借机进行军国主义宣传，主张改造国内体制，加强军事独裁统治。

11月2日，议会批准了《伦敦条约》。

11月14日，滨口首相前去参加陆军大演习时，在东京车站遭到右翼团体爱国社成员的狙击，身负重伤，后于1931年8月26日死去。

滨口首相被刺，是军部准备发动战争的信号。同年末，参谋本部和陆军省的少壮派军官组织了"樱会"，企图发动政变，建立以陆军大臣宇垣一成

田中内阁成员合影

155

为首脑的"改造政府",后未遂。

"九一八事变"的成功,大大提高了法西斯在日本的政治地位。军内法西斯分子立即抓住这一有利条件,采取各种手段实现军部独裁,以夺取政权。

1931年10月,樱会陆军军官和大川周明等法西斯分子再次策划发动武装政变,以策应关东军占领中国东北,建立军事独裁政权。政变计划动员陆海军少壮军官和民间法西斯势力,袭击首相官邸和警视厅,杀死首相若槻礼次郎和外相币原喜重郎,建立以荒木贞夫上将为首相、建川美次为外相的军部法西斯政府。

后来,这一政变计划由于中途泄密而再次流产。但是,军部又一次对"十月事件"的真相予以保密。政变的主要策划者只是受到暂时性的保护性拘留,主谋也只受到了20天闭门反省的处分。

"十月事件"后,法西斯恐怖活动达到了有恃无恐的地步。1932年二三月间,日本又发生"血盟团事件"。民间法西斯组织血盟团与以藤井齐为首的海军少壮军官相勾结,连续刺杀了前藏相井上准之助和三井合名公司董事长。

1932年5月15日,以士官学校学生为主体的陆海军青年军官及血盟团余党发动政变,袭击了首相官邸、大臣官邸、警视厅、政友会本部、三菱银行、日本银行等处,杀死首相犬养毅。史称"五·一五事件"。

政变虽被粉碎,但内阁被迫辞职。军部借口"时局非常",拒绝政党继续组阁。

5月26日,海军上将、前驻朝鲜总督斋滕实在军部的支持下,根据军部的"废除政党政治"的要求,成立了"举国一致内阁"。日本历史上的政党内阁时代从此结束,军部法西斯势力在国家政治生活中的地位与影响进一步得到加强。

1934年10月,陆军省发表题为《国防之本义及其强化》的小册子,公开叫嚣"战争乃创造之父、文化之母",宣称"国防是国家生存发展的基本活

力"，要求确立一切服从战争的"国防政策"，"重新组织、经营国家和社会"。

这本小册子是统制派和整个军部确立法西斯极权体制的纲领，在社会上引起广泛而强烈的反响，受到社会右翼和军部法西斯分子的坚决支持。

1935年，法西斯分子掀起了一场"明征国体"运动，全力攻击日本政党内阁的理论基础"天皇机关说"，使"国体论"成了极权主义统一国民和改造国家的核心理论。

军部法西斯势力随时利用"天皇"和"国体"的大棒，镇压一切对法西斯主义的反抗运动，并在日本全国范围内展开"铲除异端"的活动。

陆军省发表的小册子和"明征国体"运动，成为军部法西斯化完成的标志。日本军部实现法西斯化，为确立军部对内阁的政治支配地位，为实现日本政体的法西斯化，迈出了关键性的一步。

在这个阶段，日本军国主义的体制最完整，表现最狂妄，当然，令有些战争狂人始料不及的是，军国主义发展到顶峰，接着面临的就是深渊。

日本法西斯的
发展过程

　　日本是一个具有军国主义历史传统的国家。日本军国主义发动以中国为对象的侵略战争，蓄谋由来已久。丰臣秀吉统一日本后，就提出要攻占朝鲜，进攻北京，占领华北，在东亚大陆列土封疆。

　　1868年，日本开始明治维新，逐渐走上近代化道路。同时，也开始形成以中国为主要扩张目标的大陆政策。在明治维新以后的70多年内，日本曾发动和参加过14次对外侵略战争，其中有10次是对华侵略。

　　经过甲午和日俄两次战争，后进的日本不仅挤进了帝国主义列强瓜分中国的行列，而且取得了在中国东北地区的优势地位。日俄战争后，日本已发展成为一个军事封建帝国主义国家，以武力夺取世界霸权的欲望更加强烈。

　　1927年田中义一内阁召开东方会议后，日本加快了实施新大陆政策的步伐，企图首先把中国东北变成它直接统治的殖民地。

　　日本统治集团尤其是军部与关东军首脑，在大肆宣称"满蒙生命线"面临危机的同时，着手制订侵占中国东北的行动计划。早在1929年7月，关东军作战主任参谋石原莞尔就奉命起草了一个题为《关东军占领满蒙计划》的文件，提出了以武力占领中国东北的具体构想。

　　为了充分验证其构想，侦察中国东北的军事要地，完善占领中国东北的计划，关东军从1929年7月至1931年7月，先后组织了3次规模较大的"参谋旅行"。

　　第一次称为"北满参谋旅行"。由关东军高级参谋板垣征四郎和石原莞

尔统领，企图研究在哈尔滨附近进行攻防作战的问题。从1929年7月3日开始至7月12日结束。路线由旅顺出发，经长春、哈尔滨、齐齐哈尔、海拉尔到满洲里；回程经昂昂溪转洮昂线，到泰来、洮南，然后返回旅顺。

7月4日，石原到达长春时，发表了《战争史大观》的演讲。在由长春去哈尔滨的火车上，又提出了《扭转国运之根本国策——满蒙问题解决案》和《关东军占有满蒙计划》。

在《满蒙问题解决案》中，石原系统地阐述了占有"满蒙"转变日本国运的"石原构想"，认为下一次世界大战是"人类最后的大战"。美国势力向远东扩张，将是阻碍日本向大陆发展的最大挑战者。当今世界有了通航全球的飞机，科技发达，"东洋文明中心的日本"与"西洋文明中心的美国"必将开战。

为了做好对美战争准备，"解决满蒙问题是日本的唯一活路"。他指出，日本占有"满蒙"，既可恢复国内的景气，消除不安定因素，又可"及

日本内阁召开东方会议

时扑灭中国东部的排日烈焰"。

这是"转变日本国运的根本国策"。而作为前提，"满蒙问题的解决，只有由日本领有该地才能完全实现"。

在《关东军占有满蒙计划》中，石原提出的方案是：关东军占有"满蒙"，巧妙地解除中国军队的武装；由日本人在这块土地上"经营大规模的企业"，让朝鲜人"开拓水田"，中国人"从事小商业和体力劳作"；同时，以4个师驻扎"满蒙"，"防备苏联的入侵"。

第二次是1929年10月的"南满辽西参谋旅行"。其目的是研究在锦州附近作战问题。他们在"奉天城攻击要领"及"弓长岭夜袭"研究已有成案后，开始进行新民屯渡河、向锦州方向追击、进攻锦州和山海关西部的作战方案的研究。

1931年，关东军组织了第三次参谋旅行，仍称"北满参谋旅行"。这次活动主要是为了让因人事调动而新来的关东军幕僚亲自看看他们所不熟悉的"北满"情况，以加深他们对"北满"战略价值的认识。

在此期间，坂垣和石原委托佐久，间亮三在"石原构想"基础上起草的《关于满洲占领区统治的研究》也于1930年9月完成，并在12月由关东军正式印刷成册。

这份文件提出占领"满蒙"的目的是："迅速占领满洲及蒙古之一部，完全置于我方势力之下，以获得对外长期作战之资源及其他有关之牢固基地。"并对未来日本占领东北后的行政统治事项，作了明确规定。

这表明关东军不仅积极策划侵占东北，而且对侵占地区如何进行统治也在进行准备。

至1931年3月，在坂垣、石原等人的策划下，关东军司令部正式制定了《满蒙问题处理方案》，决定"若遇非常情况，关东军应有决心自行决定颠覆张学良政府，占领满蒙"，并设想了"制造事件的谋略"。此时，在日本军部上层，"确保满蒙先行"论开始抬头。

1931年4月，日军参谋部拟定《昭和六（1931）年度形势判断》，就怎

样解决"满洲"问题进行了讨论。确定解决"满蒙"问题分3步走：

> 第一步，改变日本所谓"正当权益"被损害的现状，确保并进而扩大这一权益；
>
> 第二步，在"满蒙"组成一个从中国中央政府独立出来的新政权；
>
> 第三步，完全占领中国东北。

根据这一计划，1931年6月11日，在参谋部作战部长建川美次的主持下，召开了陆军省和陆军参谋部的军事、人事、编制、欧美和中国科"五科长会议"，进一步商定行动纲领。

6月19日，制定出《解决满洲问题方策大纲》，规定在此后一年内，要让国内外透彻地了解"满蒙"的实际状况和日本的立场，做好转入军事行动的准备。7月，关东军参谋长三宅光治到东京，将上述《大纲》作为指令下达给关东军。

与此同时，日本关东军一手导演了"万宝山流血事件"。

万宝山在吉林省长春东北30千米的长春县三区境内。这里完全是中国政府所辖之地，既不是"满铁"附属地，也不属于1909年签订的《中日图们江界约》所定的特区。

1931年4月，在长春日本领事馆的唆使下，朝鲜人李升熏等来到该地，私自租用"长农稻田公司"经理郝永德转手租来的荒地7500亩。在租约未经长春县政府批准的情况下，擅自雇用朝鲜人挖渠，毁当地农户耕地，引起纠纷。

日本驻长春领事馆以为有机可乘，遂派日警开赴万宝山施工现场，镇压中国民众。

7月，日本帝国主义控制的报纸在朝鲜散发"号外"，造谣说：朝鲜人在万宝山"被害数百名"，蓄意煽动报复情绪，以致在朝鲜境内一些主要城市

161

发生了一系列排华暴行，但日本总督府和地方当局故意不予理睬。

日本统治集团乘机极力煽动战争。首相若槻礼次郎于7月9日在秋田举行的民政党大会上声称：

中国处理措施如有非法不当之处，为保卫国家的生存，一定要不怕任何的牺牲，勇敢奋起，国民不可放松这种准备。

政友会总务长以调查事件为名，于8月到中国东北活动，回国后煽动说："满蒙事态严重，日本的生存权眼看只有日复一日地趋向土崩瓦解。要挽救这种局面，除了发动国力别无他法。"

"万宝山事件"未平，1931年8月17日，日本陆军省发表公报，宣称：

日本参谋部部员、步兵上尉中村震太郎一行"向洮南旅行"，被中国兴安屯垦军"非法绑架监禁"，遭到枪杀。

事情的真相是：1931年6月，中村震太郎奉参谋部命令到中国东北执行秘密军事侦察任务。

中村化装成"农学家"偕退伍军人井杉延太郎等4人，在对中国兴安屯垦区进行军事地理调查后，经洮南返回途中，被东北屯垦军第三团在淮安区余公府查获。当即"由裤内搜出日俄文军用地图2张，日记3本，笔记录3张"，对"雨量、气候、村落、居民、土质、水井以及可容驻的兵力等都记载很详"。

同时，还搜出了枪支及其他间谍用器材。

屯垦军以证据确凿，认定中村一行为军事间谍。团长关玉衡下令将4名军事间谍犯处决。

本来中国方面为维护国家主权而处置一个证据确凿的间谍无可非议，但是别有用心的日本当局却借题发挥，一方面向中国政府抗议，另一方面煽动

反华战争热潮。

前关东军司令官白川义则等人隆在军事参议官会议上提出，"应利用中村事件这个机会诉诸武力，一举解决各项悬案，确保我之各项权益"。关东军作战主任参谋石原莞尔则认为：

"中村事件是向附属地以外的地方出兵之天赐良机，甚至可以成为在柳条沟行使武力的前提。"

8月24日，陆军省决定：在中方否认处决中村或得不到满意解决的情况下，"有必要对洮南地区实行保护性占领"。

世界法西斯
运动的浊浪

在法国，经济危机期间，失业率上升，社会动荡，罢工、示威游行此起彼伏。在这种形势下，许多创建于20世纪20年代、具有法西斯色彩的极右组织，至20世纪30年代异常活跃，形成法西斯运动，力图在政治上发挥作用。

在这些极右翼团体中，有"爱国青年""束棒"雷诺领导的"法兰西团结"以及"法兰西主义"等。

这些组织中，有的公开标榜是真正的法西斯组织。例如，"束棒"和"法兰西主义"，从纲领到行动，对德国特别是对意大利法西斯极为模仿，但是没有争取到多少群众。

而一些团体和组织慑于法国公众对好战的法西斯主义，特别是对德国纳粹主义的蔑视，虽在思想和方法上都与法西斯主义一脉相承，但否认自己是信仰法西斯主义的组织。

极右团体利用经济危机，疯狂地反对马克思主义，反对无产阶级革命，攻击议会民主制，宣扬反动的民族主义，叫嚣维护法兰西殖民帝国，攻击资本主义的弊病，举行规模巨大的集会，号召失业者和民众起来反对无能的政府。

议会里某些极右翼政治家同社会上的这些集团遥相呼应，要摧毁议会制，建立法西斯独裁政权。

1934年，极右分子认为时机已到，大肆宣扬共和国政府贪污腐败，要求结束共和国。2月，一群法西斯暴徒聚集在协和广场，威胁国民议会，同警察交火，数人被打死，数百人受伤。

极右翼分子的这些宣传活动，吸引和争取了一些中小资产阶级成员，发展成为法西斯运动。

在法国，最早的法西斯组织当属法兰西行动党。该党创建于1899年，是法国的极右翼组织，第一次世界大战前公开反对共和制和议会民主，主张在法国恢复世袭的君主制。

第一次世界大战后受意大利法西斯运动的影响，它一方面提出在法国建立一个类似于意大利的退伍军人组织；另一方面出版有关法西斯主义的书籍，积极宣扬法西斯主义。

意大利法西斯政权建立后，法兰西行动党领导人莱昂·都德宣称，该党"不久将通过暴力夺取政权"。这之后，法兰西行动党以及法国其他名目的法西斯组织虽然均有所发展，但始终没有联合起来建成一个像意大利和德国那样统一的法西斯政党，夺得政权。

这是因为，第一次世界大战后，法国虽然也付出极其惨重的代价，但它毕竟是获得最多好处的战胜国之一。

其情况也与德国和意大利不同，表现在战后法国的民族主义思想既不是复仇或收复失地，也不是向外扩张，而是竭尽全力巩固既得胜利果实，维护法兰西殖民帝国的地位。

而且法国的垄断资产阶级为了确保其在战后的既得利益，也希望维护现状。

在英国，也像其他许多欧洲国家一样，各种不同名称的法西斯组织纷纷建立起来，

法西斯标志束棒

其中有"英国法西斯党""法西斯同盟""英国民族法西斯党"和"帝国法西斯同盟"等。20世纪30年代初，因受到经济危机的严重打击，出现了规模较大的法西斯运动。

1932年，奥斯瓦德·莫斯利爵士建立"英国法西斯同盟"。在组织上，"英国法西斯同盟"是一个十足的独裁党。党的干部不通过选举，而由上级任命，在自己职权范围内享有绝对权威。党的一切决策均由领袖莫斯利一人决定，党的会议力求排场威严。

在政治方面，莫斯利完全赞同希特勒的反犹主义，要求废除所有政党和政党制度。在社会政策方面，莫斯利许诺，要向贫困与失业开战，要大力开展公共建设，推行医疗健康事业，结束"金融匪徒的控制"。

在大城市，法西斯同盟的"黑衫团"和"法西斯防卫组织"举行社会抗议活动，召开露天大会，挑起巷战，组织法西斯大规模进军等。

向罗马进军的法西斯分子（前排左二为墨索里尼）

法西斯分子向罗马进军途中（前排右二为墨索里尼）

　　莫斯利和法西斯同盟由于能够吸引中小资产者下层和工人阶级的许多青少年，故在1937年3月伦敦郡议会选举中，法西斯分子在伦敦东区取得重大胜利。

　　至1938年，约有10万余人短期内参加过这一组织。它们虽然在形式上也学意大利法西斯分子身着黑衫、行举手礼，甚至把"束棒"作为自己的标志，但其宗旨却与意德法西斯不同。它们几乎都是要确保英帝国在战后所取得的优势地位。

　　但由于英国是个具有长期议会民主制传统的国家，加之法西斯运动缺乏牢固的群众基础，所以对英国的政局没有产生实质性影响。

　　在罗马尼亚，法西斯运动是从反布尔什维克而臭名远扬的科内柳·泽列亚·科德雷亚努为代表的一批极端民族主义分子，打起宗教旗号进行反犹活动开始的。

科德雷亚努首先于1922年在扎希大学建立"基督教学生联合会",提出废除议会民主制。

1923年,为了吸引那些有极端民族主义思想的人参加该组织,他将其更名为"十字架兄弟会",后又改名为"天使长米哈依尔军团",最后发展成为法西斯组织"铁卫军"。

在匈牙利,名噪一时的极端民族主义分子格姆伯斯,于1919年组成一个既有文人又有军人的反犹团体,自诩为"匈牙利的民族社会主义党人"。它以犹太人正在消耗匈牙利的国家力量为借口,进行疯狂的反犹活动。1921年,他开始同慕尼黑的正在组织反革命活动的德国极右翼势力领导人进行接触,随后在匈牙利建立法西斯组织"种族防御党"。

意大利法西斯分子向罗马进军后,受其影响,格姆伯斯企图在匈牙利建立法西斯政权,并且把自己打扮成匈牙利的"墨索里尼",希望在匈牙利摄政王霍尔蒂之下,统治整个国家。

在芬兰,法西斯运动是从反布尔什维主义开始的。1922年年初,3个从东卡累利阿战场返回的军人发起建立"大学生卡累利阿协会",提出向外扩张,建立"大芬兰国";要求所有参加该协会的人都必须要结成"仇恨俄国人的兄弟",而且要宣誓把自己的"事业与生命献给祖国",献给"大芬兰国"。

当时,在芬兰还有另一支亲法西斯势力,即内战中的白卫军。战后这支部队没有解散,而是改名为"国民卫队",与国家正规军同时存在。它装备精良,有自己的总司令。

意大利法西斯运动的得势对它产生强烈影响,表现为国民卫队队员开始对革命运动及其领导人采取暴力恐怖行动。

在美国,法西斯主义在经济大危机时期得到了滋生和泛滥。1932年,美国中西部成立了秘密法西斯组织"黑色军团",亚特兰大成立了"美国法西斯协会"和"黑衣社",专门从事暗杀、绑架和破坏活动;1933年1月,在加利福尼亚南部成立了"银行社",与德国纳粹党关系密切;1933年6月,建

立了"民族工业恢复行动"组织。

在美国各地，还涌现出"美国自由同盟""社会正义同盟""德美同盟""白衣党""蓝衣社""十字军"和"分享财富会"等许多法西斯组织；至1939年底，美国法西斯组织约有250个，其势力发展到了顶峰。这些法西斯组织广泛建立武装，进行阴谋活动，甚至妄图推翻罗斯福政府，在美国建立法西斯独裁。

除此之外，在经济危机期间，一些右翼组织恢复活动。这些组织在美国也有一定的规模和影响，企图把"群众的失望心理和不满情绪，引上反动的法西斯轨道"。

在瑞典和丹麦，法西斯党是纳粹党的翻版。在挪威，同样建立了"民族联合党"。在西班牙和葡萄牙等国，同样找到了拥护者。在东欧国家，法西斯主义同样有相当大号召力。

上述国家虽然存在着规模不同的法西斯运动，但是这些国家的法西斯组织活动分散，未形成一个强大、统一的组织，也未采取统一行动。

尽管如此，法西斯运动掀起的浊浪，仍然对西方民主制构成威胁。美国、英国、法国等资产阶级民主制比较完备的国家，对资产阶级议会民主制进行了调整，采取了一些措施，阻止了法西斯势力的发展和上台，但在意、德、日等国却相继建立起法西斯极权体制。

帝国危机

第 二 次 世 界 大 战 的 背 景

世界各国的基本局势

　　第一次世界大战后，英国和法国赢得战争却输掉优势，而美国和日本日益崛起，国际关系格局由英国独霸世界、欧陆势力均衡让位于英法主宰世界、美日争夺霸权的格局。

　　在这种形势下，中国共产党领导中国进行新民主主义革命，探索符合本国民族特点的解放道路；苏俄则率先在世界上建成了第一个社会主义国家。

内忧外患的
中国政局

中国是一个幅员辽阔人口众多的多民族国家，是世界文明发达最早的国家之一，灿烂的中国古代文化、科技，极大地促进了世界东西方文明的发展。

但是，由于长期的封建专制制度，特别是晚清政府的闭关锁国和腐败统治，自19世纪中叶以后，中国逐渐落后于西方资本主义世界，帝国主义列强的频频入侵，使中国沦为半殖民地半封建国家。

由于帝国主义的侵略总是与封建统治的压迫相结合，帝国主义和中华民族的矛盾、封建主义和人民大众的矛盾，形成了近代中国社会的主要矛盾，并给中国人民的革命斗争提出了反对帝国主义和封建主义的双重任务。

自1840年反对英国侵略斗争开始，中国人民先后发动太平天国运动、戊戌变法运动、义和团运动等，寻求富国强兵、挽救民族危机的道路，尤其是1911年爆发的辛亥革命，将中国的旧民主主义革命推到了一个新的高峰。

以孙中山为首的资产阶级民主革命派，在南京组织临时政府，并采取一系列促进资本主义经济发展的措施，颁布《中华民国临时约法》。南京临时政府的成立，标志着中国第一个资产阶级民主共和国的建立，标志着清王朝近300年统治的覆灭和中国数千年封建君主制的结束。

从1920年起，具有共产主义思想的知识分子，在共产国际派出的代表协助下，开始酝酿在中国建立共产主义的组织。

1920年8月，在上海共产党小组的领导下，俞秀松、罗亦农等人在上海法租界《新青年》编辑部成立"中国社会主义青年团"。此后，北京、长沙、

武汉、广州、济南各地也先后建立了社会主义青年团。

1921年7月23日，中国共产党第一次全国代表大会在上海租界开幕，31日下午闭幕。中国共产党宣告正式成立。

1924年，在共产国际的帮助下，国共两党以"党内合作"的形式实现了第一次合作。在国共合作期间，孙中山先生为实现统一扶病北上北京。

1925年1月，孙中山病情加重，26日，德俄两国医生为他施行手术，确诊为肝癌晚期。3月12日上午9时30分，孙中山病逝于北京铁狮子胡同11号。他在遗嘱中指出，要达到中国之自由平等，"必须唤起民众，及联合世界上以平等待我之民族，共同奋斗"；并强调"开国民会议及废除不平等条约，必须于最短期间，促其实现"。

国民政府成立后，采取了一些整顿和改革措施来加强政权建设。

1925年8月26日，广州国民政府为消除军令不统一的状态，取消了地方军名称，设立军事委员会，并将驻广东的各支军队统一改编为国民革命军，归国民政府军事委员会指挥。在国共两党的共同努力下，广州国民政府于1926年7月进行了北伐战争，打倒了吴佩孚、孙传芳等旧军阀势力。

北伐战争的胜利，引起了国内外反动势力的恐慌，英日美等帝国主义除继续支持北洋军阀残余势力、进行直接武装干涉外，还分化破坏国民革命统一战线，暗中拉拢蒋介石作它们新的代理人。

在帝国主义的威胁利诱下，蒋介石勾结国内外反动势力，于1927年4月12日悍然在上海发动了"四·一二"反革命政变，大批屠杀和逮捕共产党员。7月15日，在武汉的汪精卫也召开"分共"会议，叛变革命，第一次国共合作归于失败。

1928年二三月间，在蒋介石的操纵下，国民党二届四中全会和中央政治会议，先后选举他为中央执行委员会常委、军事委员会主席和中央政治会议主席。

蒋介石集国民党党政军大权于一身，大大加强了他的地位。

国民党二届四中全会后，蒋介石把各派军阀的军队分别改编为4个集团

军：蒋介石自兼第一集团军总司令，冯玉祥为第二集团军总司令，阎锡山为第三集团军总司令，李宗仁为第四集团军总司令。

4月，为了以"武力统一"全国，蒋介石举起了"北伐"奉系军阀张作霖的旗帜，并很快逼近北京、天津。

张作霖见京、津难保，遂决定放弃北京退回沈阳。6月4日，在沈阳皇姑屯车站被日军炸死。

国民党进占北京、天津后，由于受到日本的威胁，便决定不再向东北进军，而改用和平方法解决。

辛亥革命博物馆雕塑

对日本有杀父之仇的张学良顺应东北人民反对日帝、渴求全国统一的愿望于1928年12月29日发表通电，宣布"遵守三民主义，服从国民政府，改旗易帜"。

30日，南京国民政府任命张学良为东北边防军总司令官。在此以前，西南各省已先后通电拥护蒋介石，新疆、热河也宣布"易帜"。至此，南京国民政府在形式上完成了国家"统一"。

南京国民政府虽然结束了北洋军阀和奉系军阀统治的割据局面，表面上非常强大，但自身的腰杆并不硬，因为无论是在北伐期间，还是在北伐之

后，国民政府在外交上都是一副奴颜媚骨的模样。

早在1928年3月，国民政府与英美帝国主义谈判1927年3月24日炮击南京的事件时，国民政府对帝国主义在南京对本国人民的犯下的罪行不仅未作任何谴责，反倒表示十二分的歉意，并愿赔偿"损失"，"惩办凶手"，甚至还下令通缉在南京领导反抗帝国主义侵略的中国共产党员。

1928年5月3日，日本帝国主义为了阻止国民革命军"北伐"占领济南，悍然出兵济南，屠杀中国和平军民，制造了"济南惨案"。

日本侵略军还残杀了当时前往交涉此事的中国外交代表蔡公时及其下属17人。对蔡公时横施暴行，先割去其耳、鼻、舌头，挖掉双眼，再加以残杀。

1929年1月，国民政府与日本当局就此案谈判。

在达成的协议中，国民政府竟将日军大屠杀罪行及所造成的巨额财产损失一笔勾销，宣称中日两国所受损害，由中日联合实地调查决定；中国政府承诺负责保护"在中国之日本国臣民之生命及财产安全"；双方共同声明，"视此不快之感情，悉成过去，以期两国国交益臻敦厚"。

虽然南京国民政府为了顺应"济南惨案"后全国各阶层人民的强烈反帝要求，从1928年7月起，向帝国主义列强开展了某些外交斗争，发起了以收回关税自主权、废除领事裁判权为主要内容的"改订新约运动"，但收效甚微。

在关税问题上，南京政府陆续与美、德、挪、荷、比、意、葡、西、英、法、日等10多个国家，重订了通商或关税新约。这些新约虽承认中国关税自主，双方对等，相互享受最惠国待遇，但由于中国产业落后，出口商品少，不可能获得与帝国主义同等的利益。

更何况有些新约，并未放弃对中国征税的制约，中国海关的行政权仍掌握在外国人手中，总税务司继续由英国人担任，各地海关要职也多为外国人据有。所谓"关税自主"并未取得多少成效。

在废除领事裁判权方面，帝国主义列强连形式上的让步也没有。

　　1928年至1929年间，南京政府就废除领事裁判权问题向有关国家分别发出照会，但各国以种种借口一拖再拖，不予允诺。直至1929年年底，各国才勉强表示愿酌情改善领事裁判权制度。据此，南京政府急忙宣称，自1930年1月1日起，凡侨居中国的外国国民，应"一律遵守中国中央政府及地方政府依法颁布之法令规章"。

　　美英法政府对此毫不含糊，立即发表声明作出解释，指出，1930年1月1日仅仅是逐渐取消治外法权日期的开始而已。

　　1931年5月，南京政府又公布了《管辖在华外国人实施条例》，并规定于1932年元旦起施行。不久，"九一八事变"爆发，南京政府只得通令暂缓实行，取消领事裁判权一事不了了之。

　　由此可见，南京国民政府建立对全国的统治以后，并没有改变中国半殖民地半封建社会的地位。不仅如此，以蒋介石为首的国民党新右派在国内依然奉行封建的独裁统治。

　　中国共产党在经受了惨无人道的"四·一二"大屠杀后，并没有被蒋介石的暴政吓倒，而是继续高举反帝反封建的革命旗帜，以1927年8月1日南昌起义为开端，走上了武装反抗国民党独裁统治的斗争道路。

　　1927年9月5日，毛泽东在湖南、江西边界发动秋收起义；10月，杨善集、王文明、冯白驹等人在广东琼崖发动武装起义；同月，彭湃在广东海陆丰地区领导农民自卫军起义；11月，潘海忠、吴光浩领导湖北黄安、麻城武装起义；12月11日，中共广东省委书记张太雷及叶挺、恽代英领导了广州起义；1928年1月，方志敏等人在江西弋阳、横峰领导武装起义；3月，贺龙、周逸群到洪湖、湘鄂边开展武装斗争；3月至6月，郭滴人、邓子恢等人在闽西永定等地区先后领导武装起义；5月有，在中共陕西地方组织的领导下，刘志丹发动渭南华县起义；7月，彭德怀、滕代远、黄公略领导湖南平江起义。

　　这些起义，大都因国民党的残酷镇压而失败，但都在不同程度上打击了国民党的统治，扩大了革命影响，为建立中国工农红军和农村革命根据地创造了条件。

毛泽东领导的秋收起义部队于1927年10月到达井冈山，创建了农村革命根据地。1928年4月底，由朱德、陈毅领导的南昌起义部队到达井冈山，同毛泽东率领的工农革命军会师。

5月4日，两军召开军民大会，宣布成立中国工农革命军第四军。朱毛军队的胜利会师，使红军的力量大大增强。

1930年8月27日，国民党武汉行营主任何应钦奉蒋介石命令，在武汉召集湘鄂赣三省党、政、军高级官员举行"绥靖会议"，策划合力对红军和其根据地进行"围剿"。

会议通过了《湘鄂赣三省剿匪实施大纲案》，确定了以军事为主，党务、政务密切配合，分别"围剿"各个苏区红军的总方针。接着，陆续向各

毛泽东、朱德在井冈山胜利会师（油画）

革命根据地周围调动军队。

1930年12月，蒋介石调集10万兵力，以鲁涤平为总指挥，进攻赣南。中央红军在毛泽东指挥下，彻底粉碎国民党军队第一次"围剿"。

1931年4月，蒋介石以何应钦为总指挥，率国民党军20万对赣南区和闽西区进行第二次"围剿"。红军第一方面军粉碎了第二次"围剿"。

7月初，蒋介石又调动兵力30万人，自任总司令，对赣南区和闽西区实行第三次"围剿"，红军取得了第三次反"围剿"战争的胜利。

随着红军战争的胜利发展，赣南、闽西革命根据地连成一片，鄂豫皖和闽浙赣革命根据地也得到发展。各革命根据地的各级工农民主政权先后建立。

1931年11月7日至20日，中华苏维埃第一次全国代表大会在江西瑞金的叶坪召开。大会通过了《中华苏维埃共和国宪法大纲》及土地法、劳动法、经济政策、红军问题和少数民族问题等重要的法律和决议，选举产生了中央执行委员会。

25日，组成中央革命军事委员会，27日，中央执行委员会第一次会议选举毛泽东为主席，组成以毛泽东为主席的中央人民委员会。瑞金定为中华苏维埃共和国首都，中华苏维埃共和国临时中央政府宣告成立，形成了与南京国民政府两个政权根本对立的局面。在工农民主政权的领导下，革命根据地进行了政权、经济和文化教育建设，并取得了显著成就。

179

苏联建成
社会主义国家

苏联是第一次世界大战后世界上诞生的第一个社会主义国家。十月革命前，俄国是一个经济文化落后、小农经济占主导地位的农业国。本已薄弱的工业基础，在第一次世界大战和国内战争时期又遭到严重破坏。

十月革命胜利后，苏联一直处于资本主义国家的包围和战争威胁之中，成为一个社会主义孤岛。

德国投降后，协约国利用世界大战结束之机向苏俄增派了大量军队，很快就在其南部集结了13万军队，并同白卫军一起向北推进。但是，协约国的军队在布尔什维克的宣传影响下发生分化，很多士兵拒绝作战。

1920年年底，国内战争基本结束，但是，远东地区仍被日本侵略军和白卫军占领。苏俄为了避免同日本发生直接武装冲突，决定在贝加尔湖以东地区建一缓冲国家。

1920年4月，远东共和国正式宣告成立。它不是工农苏维埃国家，而是劳动人民的民主共和国，符拉迪沃斯托克接受俄国中央远东局的领导。

远东共和国成立后，把红军和游击队改组为人民革命军。10月25日，人民革命军开进符拉迪沃斯托克（即海参崴），把最后一支外国侵略军赶出国境。

1922年11月，远东共和国并入俄罗斯联邦共和国。

12月30日，苏维埃社会主义共和国联盟苏维埃第一次代表大会在莫斯科大剧院开幕。

斯大林宣读了苏维埃社会主义共和国联盟成立宣言和成立条约。大会一

致通过了《成立苏维埃社会主义共和国联盟的决议》，决议规定，保证这个联盟是各个平等民族的自愿联合，保证每个共和国有自由退出联盟的权利，保证一切苏维埃社会主义共和国都可以加入联盟。苏维埃社会主义共和国联盟，即"苏联"的成立，为苏维埃国家各民族的发展开辟了广阔的前景。

1924年1月，苏联苏维埃第二次代表大会批准苏联第一部宪法，完成建立苏维埃联盟国家的立法手续。

1925年12月，联共(布)第十四次代表大会通过决议，确立了社会主义工业化的方针：

> 要使苏联从一个输入机器和设备的国家变成生产机器和设备的国家，从而使苏联在资本主义包围环境下绝不会变成资本主义世界经济的附庸，而成为一个按社会主义方式进行建设的独立的经济国家。

1926年7月，以季诺维也夫、加米涅夫为首的"新反对派"同托洛茨基等人结成了一个新的反对派联盟，简称"托季联盟"。他们提出比较系统的理论、政治纲领。同年7月，托季联盟的第一个联合行动，是向联共（布）中央提交了一份《三人声明》。

7月，联共（布）召开中央全会，在经济问题、工业化问题和农村政策问题上展开了十分激烈的争论。全会决定将季诺维也夫开除出党中央政治局，将拉舍维奇开除出中央委员会。9月和10月，托季联盟在全国发起公开争论。

10月16日，托洛茨基、季诺维也夫、加米涅夫、皮达可夫、索柯里尼柯夫、叶甫多基莫夫等6名反对派首领发表声明，表示放弃派别活动，但仍然坚持自己的观点。

10月23日至26日，联共（布）中央和中央监委召开联席全会，决定撤销托洛茨基的政治局委员职务和加米涅夫的政治局候补委员职务，解除季诺维也夫的共产国际主席职务。

　　1927年5月26日，托洛茨基、叶甫多基莫夫、斯米尔加联名写信给中央政治局，递交了一份由83名共产党员签名的《八十三人政纲》，声明联共（布）中央对外执行了一条右倾路线，对内则继续执行错误的路线，在工业、农业和党内生活方面出现了危机，提出克服党内分歧和加强党的团结。

　　1927年秋，国内出现了商品荒，酿成了粮食收购危机。这种情况严重威胁着国家的粮食供应和出口，进而威胁国家工业化的进程。因此，克服粮食危机成为摆在苏联党政领导人面前的紧迫任务。

　　为了从根本上解决粮食问题，1927年年底，根据联共（布）第十五次代表大会提出的大力开展农业集体化的方针，苏联开始了农业集体化运动。

　　1929年12月，联共（布）中央政治局成立了以雅可夫列夫为首的集体化委员会，领导农业集体化运动。

　　1930年1月5日，联共（布）中央通过了《关于集体化的速度和国家帮助集体农庄建设的办法》的决议，把全国完成集体化的速度分为三类地区。

　　3月14日，联共（布）中央通过了《关于反对歪曲党在集体农庄运动中的路线》的决议，纠正全盘集体化运动中的"左"倾错误，禁止采取强制手段实行集体化。

　　根据联共（布）第十五次代表大会的决议，苏联从1928年至1933年实行发展国民经济的第一个五年计划。第一个五年计划的基本任务是，在短时期内建立起对国民经济技术改造的基础，把苏联从一个农业国改变成为一个工业国，变成一个强大的、不依赖于资本主义国家的经济上独立的国家。

　　苏联人民在联共（布）党的领导下，为实现第一个五年计划进行了艰苦卓绝的努力。联共（布）党在1931年提出了"在社会主义改造时期，技术决定一切"的口号，党号召广大干部、群众努力学习技术，精通技术。全国掀起了学习新技术的热潮。

　　第一个五年计划，苏联工业投资248亿卢布，新建工矿企业150D多个，其中大部分为大型现代化企业。结果，工业固定资产增加1.2倍。工业总产值比1928年增长102％，年均达19.2％。到1932年，工业在工农业总产值中的

比重已上升到70.7％。

从1933年起，苏联开始执行国民经济发展的第二个五年计划，目的在于完成国家的工业化，为一切国民经济部门建立最新的技术基础。

在第二个五年计划期间，苏联进一步扩大了工业建设的规模，基建投资总额比第一个五年计划时期增加了1.2倍，新建成工业企业4500个。工业总产值由435亿卢布增长到955亿卢布，增加了1.2倍，已跃居欧洲第一位，世界第二位。

到1937年，苏联基本上实现了全国工业的技术改造，工业产值在工农业总产值中的比重已上升到77.4％；建立了部门齐全的大工业体系，能够以一切必要的技术装备保证国民经济和国防的需要。

苏维埃领导人列宁在演讲（油画）

苏联的第三个五年计划是从1938年开始实施的。由于希特勒德国的战争威胁越来越大，使苏联把愈来愈多的资金用于加强国防工业。到1940年，苏联国防工业产品的产量增长了1.8倍，而整个工业的产量只增加45％；这一时期工业产值年增长速度，国防工业为39％，整个工业为五3.2％。这就为苏德战争爆发后苏联经济迅速转入战时轨道奠定了基础。

在工业化的道路上，苏联始终把优先发展重工业作为社会主义工业化的核心和重点。工业化开始阶段，重工业的投资占了整个工业投资的3／4，重工业的固定资产增加了58％，与1917年相比，重工业总产值增加了差不多1倍，在工业总产值中，重工业由1913年的33.3％上升到1928年的39.5％。

工业化全面展开阶段，根据应当使"重工业生产部门获得最快的发展速度，即它们能在最短期间提高苏联的经济实力和国防实力，能于遭受经济封锁时保证我国发展的可能，能减轻我国对资本主义世界的依赖性"的方针，工业投资的重点仍旧为重工业，约占工业总投资的86％，大大超过了前一时期的水平。

结果，重工业的固定资产增加了2倍，产值增长1.73倍，年增长率达28.5％；而同期轻工业的增长仅为56％，年增长率只有11.7％。

第二个五年计划期间是苏联工业化基本完成阶段。在编制计划时，党和政府决定调整工业内部结构，加快发展轻工业步伐。第二个五年计划规定，1933～1937年间，轻工业年增长率将由第一个五年计划期间的13.2％提高到18.5％，农业由2.6％提高到14.9％，重工业则由40.1％降低到14.5％。也就是说，轻工业将是这期间增长最快的工业部门。

但是，由于法西斯在德国上台，国际形势恶化，战争威胁增大，不得不加强国防，因而调整计划未能实现，重工业年增长速度仍高达19％，产值增长达1.4倍；而轻工业年增长速度为14.8％，产值增长1倍。

在社会主义工业化中，苏联十分注重技术装备的更新换代，把机器制造业列为工业发展核心的核心。

第二个五年计划期间，其产值几乎增长2倍，比整个工业的增长速度高出

2／3。这就为国民经济各部门提供了越来越多的新技术、新设备，使各行业的机械化程度大大提高。整个工业所用的生产工具和设备在1933～1937年间有50～60％得到了更新。1937年工业总产值的80％以上是由新建和彻底改造过的企业创造的。

与此同时，苏联还利用西方国家的经济危机，大量引进西方的先进的设备、技术，以奠定本国的工业基础，然后逐渐缩减进口，用本国产品取代同类进口产品。1931年苏联购买的机器设备约占世界机器设备出口总额的1／3，1932年上升为50％左右。

在国家工业化进程中，苏联党和政府一直重视技术干部的培训工作。斯大林先后提出了"革命青年向科学进军""技术决定一切""干部决定一切"等口号，对解决技术和干部问题起了重大作用。

苏联在优先发展重工业的同时，对工业布局特别是工业的地区布局十分重视。第一个五年计划期间，在乌克兰、高加索、白俄罗斯、哈萨克斯坦等地建立了新的工业基地。第二个五年计划期间，又将重工业新建投资的半数资金用于东部地区。

苏联工业特别是重工业的东移，使苏联的工业分布更趋合理，这对加强战备、开发资源，具有非常重要的意义。

苏联以优先发展重工业为特征的工业化的完成，使苏联变成了一个经济独立的国家，达到能供给本国经济和国防必需的一切技术装备。这就为苏联的国防工业提供了坚实的物质技术基础，同时也为苏联在战时迅速完成国民经济改组、转入战时体制创造了条件。而技术人才的增多又为苏联国防工业提供了活的技术准备。

英国经济

束缚军备发展

在第一次世界大战中，英国是战胜国，在"巴黎和会"上获得了最大利益，并与法国控制了国际联盟。但是，英国国内的形势并不乐观。

两次世界大战之间的年代，可以说是英国由技术陈旧的19世纪经济，向培养新技术基础之上的现代经济转变的过渡阶段。由于这是一场深刻的变化，所以英国的经济表现出起伏，主要表现为频繁的工人罢工斗争。

英国的战后复生正面临该国有史以来最严重的工业困境。1921年4月15日，英国的工业陷入瘫痪状态。

1922年10月19日，首相劳合·乔治宣布他的政府辞职，并推荐请安德鲁·博纳·劳组成新政府。

第一次世界大战以后，由于工党的日益强大而削弱了的自由党，依靠和保守党的联合治理国家。许多保守党人对和自由党的这种合作越来越不感兴趣，在纽波特的补缺选举中达到了顶峰。预料能轻易获胜的联合候选人，意外地被保守党候选人击败。保守党人立刻反对联合政府，削弱了乔治的基础，迫使他辞职。

除此之外，还有另外一些问题困扰劳合·乔治。

1921年，他和爱尔兰签订的条约使某些保守党人感到被出卖了。许多批评家还指责他轻率处理了一项外交事务，这恐怕会导致与土耳其的一场新战争。

1923年12月6日，英国举行大选。执政党保守党因内外政策交困、经济长期萧条，在议院的席位大量减少，工党席位大增，成为第二大党。但保守

党和自由党存在严重矛盾，不能在组阁问题上达成共识。

1924年1月，在自由党的支持下组成了英国历史上第一个工党政府，詹姆士·拉姆赛·麦克唐纳担任首相兼外交大臣。麦克唐纳政府实行了一些进步措施，如制订国家资助工人住宅建筑计划，增加失业者补助金，降低茶糖等食品的消费税，外交上正式承认苏联等。

但工党在竞选时对工人和人民群众许下的种种诺言远未能兑现，如没有实行煤矿和铁路国有化，没有开征财产税以及增加给企业主的贷款，在殖民地问题上实现与保守党政府同样的侵略镇压政策等。

1924年1月29日，伦敦工人代表团代表150万伦敦工人，向刚上台执政的英国工党麦克唐纳政府请愿，反对英国政府对苏联采取不承认政策，宣布将举行罢工表示抗议。麦克唐纳政府迫于工人阶级和人民群众的压力，于同年2

英国议会大厦威斯敏斯特宫

月2日正式承认苏联政府为合法政府。

2月27日，苏英两国正式建交。

由于工党政府对资产阶级唯命是从，很快引起了广大劳动人民的不满，工人罢工事件屡屡发生。工党政府敌视和镇压工人罢工，甚至宣布全国处于紧急状态，从而使其威信扫地。麦克唐纳于10月初宣布解散国会，举行新的大选。11月4日麦克唐纳辞职，首届工党政府结束。

1926年6月，英国保守党政府反对苏德签订友好中立条约，并以此为由进行反苏活动。

1927年6月，苏英两国断交。1929年夏，英国麦克唐纳工党政府重新上台，开始同苏联进行复交谈判。10月，苏英两国政府正式复交。这表明苏联在国际事务中开始发挥越来越重要的作用。

在10月份的大选中，保守党斯坦利·鲍德温再次执政，并在11月6日任命工党政府的新内阁成员。人们期望新内阁能够结束3年来使一切陷于瘫痪的罢工所引起的骚乱。

新内阁成员中有张伯伦兄弟俩：前任印度事务国务大臣奥斯汀·张伯伦爵士任外交大臣；他的兄弟内维尔·张伯伦任卫生大臣。鲍德温首相任命1904年从保守党转为自由党而又转为保守党的人——温斯顿·丘吉尔——担任财政大臣。

1925年夏，英国的矿主们在斯坦里·鲍德温保守党政府的支持下，于1925年7月31日举行了同盟总罢工。由于鲍德温政府和资方尚未做好应付准备，被迫让步。工人阶级把7月31日星期五这一天称为"红色星期五"。

但是，资产阶级的让步都是预谋的。资产阶级和政府利用斗争暂时缓和的时机，加紧强化警察力量，逮捕共产党人和工会运动的左翼领导人，而且储存了煤炭、粮食等生活必需品。政府还成立了"煤矿业调查委员会"。

1926年3月10日，"调查委员会"公布报告，同意矿主降低矿工工资10%，工作日延长一小时。

1926年4月中旬，在9个月的工资补贴即将期满的时候，矿主们又重新提

出降低工人工资10％、工作日延长一小时的无理要求，并宣布从5月1日起封闭煤矿，实行所谓同盟歇业，并不再与矿工签订全国性的集团合同。这引起了矿工的极大不满，共产党积极领导了工人的斗争，提出了"工资不得少一个，工时不得加一分"的口号。

但职工大会最高委员会却仍致力于同资方进行拖延时间的谈判。由于5月1日以后大批矿工被解雇，于是被迫宣布从5月3日起开始总罢工，使全国经济生活陷于瘫痪。工人们自动组织纠察队，建立行动委员会、罢工委员会来领导斗争。

政府和垄断资产阶级受到沉重打击，罢工得到国际无产阶级组织的积极支持。苏联、中国、美国和西欧等国家的工人和劳动者都募集捐款，支援英国工人。

但是，作为总罢工的领导、工党分子与共产党人之间存在严重分歧，把持工会总理事会领导权的工党右翼分子，背着工人与政府和企业主秘密谈判。

1926年5月11日，政府最高法院裁决此次罢工为"非法"。工会总理事会竟然屈服于裁决，仅在得到官方同意恢复了工资和工时谈判的谅解后，于5月12日宣布停止总罢工，强令工人复工。总罢工被破坏后，矿工们在异常困难的条件下，坚持斗争至11月19日才无条件放弃罢工。轰轰烈烈的罢工斗争以失败而告终。

1929年6月，麦克唐纳组织第二届工党政府不久，危机来临。面对严峻的政治、经济形势，工党政府陷入分裂。为了应付空前严重的危机，工党政府于1931年8月24日宣布成立包括保守党和自由党在内的三党联合政府，自称"国民内阁"，麦克唐纳仍任首相。

"国民内阁"成立之后，为克服经济危机，执行了国家干预经济的政策，其中主要是实行"节俭政策"，削减开支。如同联合政府的保守党成员鲍德温在1931年8月28日的一次会议上所说，联合政府的唯一目标是通过厉行节约和保持预算平衡所必需的法案。

因此，"国民内阁"制定、颁布了一系列指令、法案等，旨在克服经济危机所带来的危害。尽管其中一些措施加重了劳动人民的负担，如"贫困调查法"和降低工人、国家雇员及水兵的薪金。

但从总体上看，"国民内阁"的经济政策，在一定程度上巩固了日益动摇的英帝国的基础，保住了贸易市场，避免了财政崩溃，使经济形势逐渐好转，进而达到了稳定政局、平定民心的目的。

"国民内阁"的成立是英国现代史上的重大事件，它所实行的政治经济措施，对英国的民主政体作了一定的调整，进一步巩固了资产阶级议会民主制，基本顶住了国际法西斯运动的冲击，防止了法西斯在英国的进一步发展。

但是，"国民内阁"时期，也是英国和平主义运动开始高涨的时期。和平主义思潮严重制约了"国民内阁"的对外政策和军备政策。

20世纪30年代初，日本侵略中国东北的"九一八"事变，使已有10多年安宁的世界遭到巨大的冲击。1933年希特勒上台，整个欧洲更加惶惶不安。这种形势大大增强了英国公众的恐战情绪，推动了和平主义运动走向高潮。

1929年至1933年世界经济危机也使英国的经济受到了打击。

1930年，世界性的经济危机蔓延到英国。工党政府拒绝全国失业工人提出的增加失业补助金、取消失业保险法中某些不合理规定的要求，于是，全国失业工人运动组织失业者于3月20日开始向伦敦"饥饿进军"。参加者高呼"反对工党的饥饿政策""争取建立革命的工人政府"等口号，于4月30日到达伦敦。翌日，在海德公园举行盛大的群众大会，5万多名伦敦工人走上街头，欢迎进军队伍。

随着对政府新制订的紧缩计划对抗情绪的日益增长，1931年9月30日，伦敦警方与示威者发生了一昼夜的冲突。有人认为起义者有共产党员，不过大多数人是失业工人，他们坚决反对政府削减退休救济金的新政。

第一次世界大战削弱了英国国力，英国统治自治领力不从心。20世纪20年代初，一些自治领要求明确规定自治领地位，在1926年的帝国会议上，英

国代表团团长贝尔福提出自治领"是英帝国内的自主实体，地位平等，在其
对外事务的任何方面，一个绝不从属另一个"。

1931年12月11日通过《威斯敏斯特法》。

1932年10月初，又爆发了向伦敦进发的全英"饥饿进军"。2500名参加
者分队从四面八方集结起来向伦敦前进，于10月29日进入伦敦，几万伦敦工
人聚集在海德公园欢迎他们。

1933年底在英国共产党的号召下，失业工人运动再次组织了全国的"饥
饿进军"，并在各城市和全国范围内建立了组织。

1934年2月23日，"饥饿进军"队伍浩浩荡荡进入伦敦。次日英国工党、
独立工党、共产党和职工会的代表共1500人，举行了团结和行动大会，接着
又有10万名伦敦工人，在海德公园举行盛大集会。在工人阶级不间断斗争的
压力下，政府被迫废除削减失业补助金的决定和建立失业者劳动营的法令。

1936年秋，当政府又企图削减失业补助金的时候，失业者全国委员会又
发动了20万失业工人，再次策动向伦敦的"饥饿进军"，迫使政府不得不做
出让步。

20世纪20年代，由于英国在经济方面的一些原有的痼疾，使得它的经济
较之其他新兴资本主义国家更容易遭受国际市场变化的冲击。而这又极大地
影响了英国的政治、外交和军事政策，束缚了其军事的发展。

美国的
国内国际关系

1919年11月19日，美国共和党控制的参议院，在历时两个月的激辩之后，拒绝批准旨在结束战争和建立国际联盟的《凡尔赛条约》。参议院的这一行动对威尔逊总统来说是个严重的打击。因为威尔逊总统曾力劝巴黎和平会议接受建立国际联盟的主张。

争论的中心问题，是对该条约中有关建立国际联盟的条款持有保留权问题。这些保留权是参议院对外关系委员会主任、马萨诸塞州参议员亨利·卡伯特·洛奇提出来的。

这些保留权明确地表示，不经国会批准，美国根本没有责任和义务按照该条款规定去保卫国际联盟的各成员国。

1920年11月2日，55岁的沃伦·哈定当选为美国第二十九任总统。

1921年3月4日，哈定任总统后，解散了战时设立的各种机构，宣布政府不干涉私营企业活动，不过问企业的兼并等，不再规定物价或制定政府条例干涉经济，放任垄断资本家扩大势力，加强垄断地位。

他还废除了威尔逊政府战时增收的所得税、遗产税和过分利税，特别是降低了高收入者的税率，使富有的资本家交纳的税款大为减少，而广大人民的负担相对增加。

在外交上，哈定政府发起召开了"华盛顿会议"，签订了五国《海军条约》和《九国公约》。哈定总统任内起用了很多大资本家，因而发生了不少利用职权营私舞弊和贪污渎职案件。

1921年4月12日，哈定总统在国会的一次联合会议上说，美国将不参加

国际联盟。这位新总统对国际联盟的拒绝，赢得了主要来自他的共和党伙伴的热烈支持。

在拒绝国际联盟的同时，这位总统保证，他的政府将与那些想组成一个他称之为非政治的国家联合体，以及想使惨遭战争践踏的欧洲国家复兴的外国政府合作。

1923年8月2日，哈定总统去世。3日凌晨，美国副总统柯立芝按照宪法宣誓就任总统。卡尔文·柯立芝任职期间的繁荣，大大促进了美国的工业化，使工业在国民经济中比重越来越大。因此被称为"柯立芝繁荣"。

1929年10月24日，纽约证券市场发生第一次猛跌，拉开了全球性经济危机的序幕。随着纽约股票价格的一路狂跌，很快造成了美国大量工业企业和农场的破产，商业贸易呈现崩溃之势。

当危机到来时，美国新任总统胡佛完全没有思想准备。他否认危机的严重性，继续奉行传统的经济学理论，确信自行调节市场和自由放任的政策足以使美国走出危机的泥潭。

▲ 纽约金融危机致使一辆车只卖100美元

然而，随着时间的推移，胡佛盼望的经济好转不仅没有到来，反而危机越来越严重，致使人民群众的不满情绪日益蔓延。在这种情况下，胡佛政府虽然采取了局部的措施，但收效不大，形势仍然不断恶化。

经济危机发展到一定程度往往会触发政治危机。从1931年春起，美国的进步组织多次举行了向各州首府施加压力的"饥饿进军"。

胡佛政府所面临的一次最严重的政治危机，是1932年5月第一次世界大战的失业退伍军人向华盛顿的进军。

至6月，已有两万多名退伍军人涌进了华盛顿，他们要求国会立即偿付退伍军人福利金。

1932年7月28日，胡佛总统下令陆军参谋长麦克阿瑟及其助手艾森豪威尔指挥骑兵队和坦克队、机枪队、步兵冲散了退伍军人，并把他们赶出了华盛顿，但是，全国此起彼伏的反饥饿斗争并未因此而平息，相反越演越烈。工农运动此起彼伏，给美国的政局带来极大的冲击。

法国的战争
应急措施

　　法国虽然取得了第一次世界大战的胜利，但其国民经济基础遭到严重破坏。特别是被占领区的工业基础被摧毁殆尽，共计1340亿法郎的商品和财产在战火中消失了。法国有近150万人死于这场战争，平均每10个法国人中就有一人死在前线。

　　尽管法国在战争中损失惨重，最富有的北方和东北方遭到严重破坏，但是它的战后恢复工作还是卓有成效的。法国依靠德国战争赔款和外国技术，投资80亿美元修复了矿井，重建了工厂、公共建筑物、商店和住宅，修通了铁路、公路，疏浚了河道，填平了长达数千千米的战壕，治愈了战争遗留下来的创伤，整个恢复工程结束于1924年。

　　然而，1929年至1933年世界资本主义经济危机，打断了法国经济的发展链条，使法国陷入了经济危机的深渊。

　　在资本主义国家中，法国卷入世界经济大危机的时间较晚。1931年秋，巴黎证券交易所的股票暴跌，法国开始卷入经济危机。

　　这一年工业生产下降，失业人数翻了一番，与最好的年份1929年相比，工业生产下降23％，钢铁产量下降37％，百人以上机构中的工薪人员减少14％，食品批发价下降12.7％，营业税下降28％，各种有价证券下降60％。

　　在经济危机的深刻影响下，各种法西斯组织利用人们对政府的不满情绪，乘机扩大影响，以求发展。

　　法西斯组织的暴乱活动出现过多次，虽然没有形成什么"气候"，但是震撼了法兰西第三共和国，使它越来越经不起国内外风浪的冲击，开始走向

衰落。

在国内极右组织猖獗、政局极不稳定的情况下，法国之所以没有出现法西斯政权，除法国具有较强的议会民主制外，法国共产党的壮大和在其努力下组成的反法西斯人民阵线是重要原因。

成立于1920年12月的法国共产党，积极参加了反对法西斯的斗争，并在1934年与社会党签订《统一行动公约》，建立了反法西斯统一战线，推动了法国反战运动的发展。

1936年5月，人民阵线在选举中获胜，6月组成勃鲁姆政府。新政府依据人民阵线的反法西斯纲领，推行了一系列新的政策，成功地制止了法西斯运动在法国的蔓延。

在国家防御措施上，第一次世界大战结束不久，法国军方就开始考虑下一次战争的应急措施，其焦点集中于边境防御上。

1920年1月23日，法国陆军最高军事委员会在重新建立时就郑重声明：法军必须研究"对国土或海岸线防御体系的总体规划"。这句话，实际上是日后法国最高统帅部提出和确定构筑"绵亘防线"的基调。

经过将近10年的研究论证、勘测和设计，1930年1月14日，经参众两院批准，法国政府正式颁布了在东北边境建造防线的法令，并用1929年至1931年任陆军部长的马其诺的名字命名，称"马其诺防线"。

同年初，防线主体工程全面动工，负责施工的是贝拉居将军主持的筑垒地区组织委员会。到1935年底，防线竣工，前后耗时6年有余。

马其诺防线位于法国的东北部，自隆吉永至贝尔福，全长约390千米，包括梅斯筑垒地域、萨尔泛滥区、劳特尔筑垒地域、下莱茵筑垒地域和贝尔福筑垒地域。

其中，梅斯和劳特尔筑垒地域的防御工事最为坚固。这两个地方的重要地段都筑有地上和地下工事，沿莱茵河一线设有两道防御体系，以适应环形梯次防御。

地上部分为装甲或钢筋混凝土的机枪和火炮工事；地下部分筑有数层地

下室，包括指挥所、休息室、食品贮藏室、弹药库、救护所、水电站、通风过滤室等。工事之间由地下暗道相连接，便于人员或车辆机动。

整个防线由保障地带（纵深4～14千米）和主要防御地带（纵深6～8千米）组成。共构筑永备工事约5800个。防线内设有反坦克壕、崖壁、断崖及金属和混凝土桩岩等反坦克障碍物。

马其诺防线耗资60～70法郎。它的建成，使法国人相信他们可以轻易阻挡德军的进攻。

法国军事学院的一位著名教授肖维诺将军在1938年明确指出：

> 在法国，快速的入侵战争也称运动战，已成为历史。今天防御力量已经成10倍的增强，准备打短期战争的国家是去自杀。
> 他们的缺陷是显然的，正是连绵的防线折断了战斗的翅膀，对连绵防线的担忧已组成了和平的因素。

肖维诺根据自己的估计断言，由于法国整个东北边境线上有连绵的筑垒正面和拥有一定数量机枪的及时展开的军队，将能"遏制德军3年之久"。

不仅如此，法国官方文件还极力宣称：

> 为掩护国家领土免受外来入侵而建造的整个永备工事体系，使我们现在就能做到：在只需动用较少人员的可靠掩护下进行动员；更好地保障我国的大工业区和边境重镇；为我军作战保证有坚强设备的基地。

"马其诺防线"成为后来法国第二次世界大战实行消极防御战略的基础，其后法军制订的一系列作战计划均以"马其诺防线"为中心。

其中，最为有名的是1933年至1935年付诸实施、后来在大战中为法军所采用的"D"字作战计划。

　　"D"字计划是在甘末林将军主持下制订的，它的思想核心是阵地防御。计划拟制时，法国设想德军将要像1914年那样，经过比利时实施主要突击。

　　因此，计划规定，集中法国东北战线左翼联军基本兵力，其中包括一些机械化部队，在德军入侵比利时时向比利时腹地做远距离的机动，以便在阿尔贝特运河和戴尔河一线迎击敌人。由于比利时和荷兰保持中立，在德军入侵前与英军联合作战计划，这就意味着直至德军发动进攻时，英法联军才能进入比利时。

　　为配合这一作战计划的实施，法国还制订了"布雷达计划"。该计划要

法国凯旋门

求集中大部分机动部队进入荷兰南部布雷达地区，实施更远距离的防御。法国最高统帅部深信，这个计划为法国的防御体系增加了保险系数；同时，远距离防御可以迟滞和消耗敌军的有生力量，从而有利于稳定马其诺防线，并把战场引向国外，既可保护比利时、荷兰等盟国免遭侵犯，又可保护法国边境工业区的安全。

然而，这个作战计划的缺陷是显而易见的。由于实施远距离防御必须进行远距离机动，而在机动过程中，很难设想英法联军肯定不会同德军发生遭遇战。

而且在"马其诺防线"东端与英军防线间的缺口处，防御工事特别薄弱，一旦被突破，联军后路被切断，其后果是不堪设想的。更为重要的是，它摒弃了机动防御和主动出击等积极作战手段，把战争的主动权拱手给了对方。所以，这是一项招致兵败国破的糟糕计划。

在消极防御战略指导下，法国的军队建设包括编制、装备和训练等都显现出被动的特点。

第二次世界大战在西方战场爆发前，法国在欧洲保持了一支最强大的军队。根据1938年7月11日《战时国家组织法》的规定，法国本土划分为3个战线：东北战线、东南战线和比利牛斯战线。全国共有20个军区。法国本土现役部队有20个步兵师、5个骑兵师和部分边防部队、2个驻外殖民地师、4个驻非北非师。1939年8月，法军总兵力达101.5万人。

不过，由于在军队建设中强调数量，忽视质量，且受到整个消极防御战略的影响，法军变得非常迟钝。法国历史学家杜瓦兹和韦斯说："1939年的法军简直是一支杂牌军。"

在研制和装备坦克问题上，法国的动作也非常迟缓。艾斯蒂安将军早在1920年就提出过装备坦克的主张。1927年7月，社芒克将军在高级军事研究中心阐述了坦克的优势所在，次年又提出了装备1个现代化装甲师的方案。1935年5月，戴高乐在《议会和政治杂志》上发表《建立职业军》的文章，一年后成书出版。他认为，拥有最精锐的装甲部队的一方将在下一场战争中取

得胜利，因此系统地提出了建立一支由10万人组成的分编成6个机动装甲师的精悍的职业军的主张。

但戴高乐关于生产坦克和建立装甲部队的主张，受到种种非难和指责。魏刚、德伯内、莫兰、贝当等军方高级将领，相继发表文章和演说，抨击戴高乐的观点。戴高乐孤掌难鸣，他的建立有限机械化、装甲化部队的机动作战思想被扼杀了。

由于上述错误思想的指导，法军在武器装备现代化方面进展缓慢。虽然艾斯蒂安将军早在1921年即设计出一种装甲厚、火力强、马力大、速度快的B型坦克，但直到1935年法国最高统帅部才下令生产，到1939年其月产量仅为8辆。到第二次世界大战在西方爆发时，法军共装备1770辆坦克，编为50个轻型坦克营和12个重型坦克营。

法军一直认为，"坦克的唯一任务是为步兵服务"，因而把坦克分编在各个步兵师里，"作为步兵前进的辅助力量来使用"。这样，就大大降低了坦克的战斗作用的有效发挥。

法国对空军建设的重视程度远不如陆军。因此，到大战在西方战场爆发时，其装备和组织尚处于建设阶段。当时，共装备飞机1407架，仅为德国的1／5，但真正能使用的是德国的2／5。而且这些飞机有不少是旧式飞机。显然，这样的空军是无力攻击德国的军事设施的，即便在自己领空，它也抵御不了强大德国空军的袭击。

法国拥有一支举足轻重的海军，在当时占世界第四位。它装备有1艘航空母舰、7艘战列舰、19艘巡洋舰、32艘舰队驱逐舰、38艘驱逐舰、26艘扫雷舰和77艘潜艇。然而，由于海军的作战计划、训练完全是防御性的，海军在未来的战争中几乎没有起到什么作用。

法国的消极防御战略和经济实力不足，严重影响了30年代法军的装备更新，致使法军的建设日益落后。虽然法国从1936年起加快了备战步伐，但已无可挽回地拉大了与德军的差距，最终使自己陷入被动挨打的境地。

图书在版编目（CIP）数据

帝国危机：第二次世界大战的背景 / 胡元斌主编
. ——北京：台海出版社，2013.8（2021.5重印）
（第二次世界大战纵横录）
ISBN 978-7-5168-0235-9

Ⅰ.①帝… Ⅱ.①胡… Ⅲ.①第二次世界大战—史料
Ⅳ.①K152

中国版本图书馆CIP数据核字(2013)第188582号

帝国危机：第二次世界大战的背景	第二次世界大战纵横录

主　编：胡元斌　严　锴

责任编辑：孙铁楠　　　　　　　　　装帧设计：大华文苑
版式设计：大华文苑　　　　　　　　责任印制：严欣欣　吴海兵

出版发行：台海出版社
地　　址：北京市东城区景山东街20号　　邮政编码：100009
电　　话：010－64041652（发行，邮购）
传　　真：010－84045799（总编室）
网　　址：www.taimeng.org.cn/thcbs/default.htm
E-mail：thcbs@126.com

经　销：全国各地新华书店
印　刷：北京九天鸿程印刷有限责任公司
本书如有破损、缺页、装订错误，请与本社联系调换

开　本：710×1000　　1/16
字　数：210千字　　　　　　　　　　印　张：13
版　次：2014年1月第1版　　　　　　印　次：2021年5月第4次印刷
书　号：ISBN 978-7-5168-0235-9

定　价：48.00元